本著的出版得到2018年度国家自然科学基金青年科学基金项目“审计师职业怀疑判断影响因素及其路径的实验研究:基于事务所和项目组层面交互作用的视角”(项目编号:71802148)的资助。

分析师推荐理由、分析师声誉与投资者的投资判断

屈小兰 著

天津大学出版社
TIANJIN UNIVERSITY PRESS

图书在版编目(CIP)数据

分析师推荐理由、分析师声誉与投资者的投资判断 / 屈小兰著. —天津：天津大学出版社，2022.6
ISBN 978-7-5618-7111-9

Ⅰ.①分… Ⅱ.①屈… Ⅲ.①证券市场－研究－中国
Ⅳ.①F832.51

中国版本图书馆CIP数据核字(2022)第002358号

出版发行 天津大学出版社
地　　址 天津市卫津路92号天津大学内（邮编:300072）
电　　话 发行部:022-27403647
网　　址 www.tjupress.com.cn
印　　刷 北京盛通商印快线网络科技有限公司
经　　销 全国各地新华书店
开　　本 185mm×260mm
印　　张 7.75
字　　数 193千
版　　次 2022年6月第1版
印　　次 2022年6月第1次
定　　价 39.00元

前　言

本书运用社会心理学领域的说服理论，研究证券分析师（简称“分析师”）推荐理由和分析师声誉这两个因素对个体投资者（简称“投资者”）的投资判断的影响，采用实验研究方法研究了分析师的推荐理由与声誉影响投资者的投资判断的机制。

本书共分为六章。第一章为引言，主要内容为研究动因、研究问题、研究意义、研究框架、研究方法和研究创新；第二章为文献综述，总结了国内外目前分析师推荐理由和声誉等相关文献的研究结论和局限性；第三章为分析师的推荐理由、声誉与投资者投资判断关系的理论分析，在相关理论分析的基础上，提出了本书的研究假设；第四章为实验设计，详细介绍了实验中的自变量和因变量的操控及设计，以及被试的选择和实验过程；第五章为分析师的推荐理由、声誉对投资者投资判断影响的实验结果，对结果进行了分析和评价；第六章为结论和展望，提出了结论并展望了未来研究方向。

本书的主要结论有以下几点。

（1）理论分析表明，分析师的推荐理由的充分性会影响投资者购买股票的决策。推荐理由越充分，投资者感知到的说服力越强，也就更容易投资；同时，分析师的声誉影响投资者对推荐信息可靠性和信任度的感知，进而影响投资者的投资判断。此外，分析师推荐理由对投资者的投资判断的影响依赖于分析师声誉。

（2）实验结果表明，分析师推荐理由影响了投资者的投资判断。与推荐理由不太充分相比，在推荐理由较充分的情况下，投资者对分析师所推荐股票的价格上涨潜力更有信心，更容易发生投资行为。

（3）实验结果表明，分析师声誉影响了投资者的投资判断。当分析师声誉较高时，投资者对分析师所推荐公司的股价上涨潜力和投资吸引力的评价更高。

（4）实验结果表明，分析师推荐理由和声誉共同影响投资者的投资判断，即分析师声誉调节了分析师推荐理由的充分性对投资者的投资判断的影响。在分析师的声誉较高时，投资者会更多地关注不同分析师推荐理由的差异，在推荐理由较充分的情况下，投资者感知到的股价上涨潜力和投资吸引力更高；而当分析师的声誉较低时，推荐理由的充分性对投资者对股价上涨潜力和投资吸引力的评价没有显著影响。

（5）实验结果表明，投资者对分析师信任度的感知部分中介了分析师声誉对投资者投资判断的影响，投资者对分析师所推荐公司未来盈利潜力的感知部分中介了分析师信任度对公司未来盈利潜力评价的影响，投资者对公司未来股价上涨潜力的感知部分中介了公司盈利潜力对投资吸引力评价的影响。

目　录

第一章 引 言

分析师研究报告如何影响投资者决策,长期以来是学术界和实务界关注的热点问题。分析师基于宏观经济数据、行业信息和公司状况所撰写的研究报告是投资者在投资时进行决策的重要参考。基于信息有用性的假设,投资者在做出投资判断的过程中会无意识地借鉴、参考分析师发布的投资建议,但是面对利益冲突和各方的压力,分析师研究报告的独立性受到了市场的普遍质疑。Mehrana 等(2007)认为金融机构的利益冲突是指金融交易的一方在采取某种行动获得潜在收益的同时损害另一方的利益。美国证券交易监督委员会于 2003 年对全美分析师进行了调查,主要原因是分析师可能面临潜在的利益冲突,有偏的推荐可能误导投资者的投资判断,致使投资者承受损失。夏立军等(2005)认为我国资本市场发展的时间较短,我国的分析师不能像发达国家的分析师一样有效地发挥缓解资本市场信息不对称的作用,再加上我国投资者的专业水平不高,而获取信息和解读信息的成本较高,因此研究非职业投资者如何进行投资判断具有重要的现实意义。

尽管国内外对分析师研究报告中的盈利预测、推荐评级、目标价格及风险提示等相关内容的研究较多,但是对分析师推荐理由的研究却较少。2011 年 1 月 1 日,中国证券监督管理委员会(简称"证监会")发布了《发布证券研究报告暂行规定》(简称《规定》),该规定首次针对证券公司和投资咨询机构发布研究报告的行为进行了全面系统的规定,要求分析师应该按照相关规定来发表具体评论意见并撰写研究报告,努力为投资者提供高质量的咨询服务。《规定》发布后,国内证券市场中的分析师在发布研究报告时面临重大挑战。因此,通过对分析师推荐理由和声誉的研究,不仅可以丰富分析师研究报告方面的理论研究,而且有助于提升分析师的声誉水平,进而为投资者提供有价值的研究报告。

第一节 问题提出及意义

一、问题提出

(一)分析师推荐理由

在资本市场中,对于非职业投资者而言,分析师在信息解读、分析和传播方面扮演着重要角色。股票推荐评级是分析师众多研究工作的一个重要产出,股票推荐往往被认为是分析师对相关公司未来盈利潜力和股价上涨潜力的一个综合评价。然而,大量的研究表明,分析师的建议往往存在系统性偏差（Schapiro，2002；Opdyke et al.，2003；Bradshaw et al.，2004）。鉴于此，探讨分析师提出推荐理由背后的行为动机，剖析分析师推荐理由对投资者的投资判断的影响具有重要的现实意义。

分析师盲目高位荐股，诸多个股逆市大跌，往往使投资者遭受巨大损失。分析师推荐股票的理由五花八门，各不相同。分析师的分析能力受到市场的普遍质疑。《中国证券分析师职业道德守则》中明确规定，分析师在执行业务过程中必须恪守独立诚信、谨慎客观、勤勉尽职、公正公平的原则；而在现实中，资本市场与分析师之间相互影响，分析师盲目从众的情况频频发生，分析师由于面对不同的道德风险和利益冲突，在一定程度上丧失了独立性。

分析师推荐理由是指分析师在向投资者介绍投资产品时，期望被投资者认可并接受的道理或根由。推荐理由是影响投资者决策的核心要素，其中应给出足够的数据解释或原因分析，具有明确的支持性观点和说服力。在研究报告中，分析师对期望投资者接受的观点强调推理的过程，注重客观的事实或数据来源，即突出得出推荐理由的思维过程，而不是最终结果。推荐理由的充分性越强，说明分析师为投资者提供的信息内容质量越高。分析师提供可信观点的基础是高质量的研究，其能够改变投资者的投资判断。如果一个分析师能够基于长期的价值投资理念，重视行业规范和相关的风险提示，重视推荐的原因、数据来源和推荐的逻辑依据，而不是基于许多难以证实的理由或原因提出推荐理由，其就会受到市场中投资者的普遍关注。

（二）分析师声誉具有信息传递的功能

具备优秀专业素质和良好职业道德的分析师往往会引起市场中相关利益主体的广泛关注。有声望的分析师所发布的推荐评级或盈利预测经常会受到投资者的普遍关注，甚至在资本市场中产生巨大的波动。尽管分析师的观点不可能都准确无误，因为分析师是根据自身经验、独特见解来对未来的投资环境和投资收益进行预测的，但是分析师和投资者一旦建立起一种信任关系，分析师便会被广大投资者所信赖，其观点也会在市场中广泛传播。

分析师在信息搜集和信息分析方面被认为是市场中的专家（Bruce，2002；Jegadeesh et al.，2004），也能够使投资者对其发布的股票推荐信息产生依赖，特别是在判断相关公司股票的投资价值方面具有重要的影响（Strack et al.，1997）。心理学研究表明，决策者往往会受到"专家观点偏误"的影响，特别是在相关信息比较模糊的时候，专家观点更容易被信任并被接受（Chaiken，1980；Petty et al.，1986；Steginga et al.，2004）。因此，在一定程度上，投资者对具有良好声誉的分析师的"专业能力"的期望值更高，对该分析师所推荐信息的依赖程度更高，进而导致投资者对该分析师所推荐公司的未来盈利潜力、股价上涨潜力的预期更高。

分析师应该具有一定的职业道德操守，这对于其自身长期发展的重要性不容小觑。在变化无常的资本市场中，分析师保护自身声誉和具备独立的研究能力尤为重要。正如博弈论中对声誉的研究结果，在重复、多次的博弈中，市场往往会淘汰那些声誉较差的参与主体，而具有良好声誉的主体会因为声誉价值在其发展中产生“信任溢价”效应。

具有较高声誉、独立性较强的分析师出于对自身声誉的关注，以及为了维持与客户间的良好关系，在实际执业中能够认真地搜集数据并客观地处理数据，给投资者相对准确、客观的投资建议，进而促使投资者对所推荐公司的未来发展形成一个较为乐观的预期。相反，面对各种利益冲突和压力的分析师若舍弃应有的独立性，一味地迎合相关利益主体，终会丧失客户的信任。所以，对于声誉较低或声誉较差的分析师而言，其推荐理由对投资者投资判断的影响比较小。因此，分析师的独立性和声誉在资本市场中扮演着重要角色，分析师推荐理由和声誉这两个因素之间如何相互作用，进而影响投资者投资判断是本书研究的重点。

（三）分析师的利益冲突对投资者投资判断的影响

分析师在资本市场中扮演着双重代理的角色，一方面其不得不面对所在机构的压力，另一方面其又面对客户的压力。因此，分析师难免面对利益冲突问题。研究表明，分析师发布乐观的推荐评级，主要是由于受到经济动机的影响，如促进投行的经济业务（Bradshaw et al., 2006; Barber et al., 2007），或者为了增加交易佣金（Irvine, 2004; Jackson, 2005），或者为了从管理层获取私人信息（Chen et al., 2006; Libby et al., 2008）。当所在证券公司的经纪业务和客户利益之间发生冲突时，分析师往往会顾此失彼，忽略客户的风险偏好和风险承受能力，未能给客户提供恰当的投资建议，这样尽管保全了所在证券公司的利益，但是丧失了客户的信任。除此之外，还有分析师和上市公司之间的利益关联，为了获得承销业务或基金代销业务，分析师往往对相关公司股票的评级偏向于正面，或者给予“买入”或“持有”的投资评级，进而加深了分析师和客户之间的利益冲突。

分析师要立足于自身的专业能力，不受其他因素影响，凭借自身对股票的客观分析和独立判断，为客户提供高质量的服务。这是分析师行业的自律章程。但是在实际业务中，分析师必须与自己关注的上市公司之间建立长久而稳定的沟通关系，如通过关注上市公司的股东大会以及直接拜访等途径实现交流。由于与上市公司直接接触便于获取第一手的研究资料，分析师为了维持与上市公司的稳定关系，在撰写研究报告的过程中，难免部分失去独立性，发表一些失之偏颇的研究报告，进而损害投资者的利益。

面对监管者、客户及所在机构的多重压力，分析师需要在多种压力之下做到均衡。一个声誉较高的分析师往往比较关注自身声誉的建设和维持，因此分析师有迎合投资者的意愿，以保持与投资者之间的良好关系。本书应用心理学中的说服理论，研究分析师推荐理由和声誉如何对投资者的投资判断产生影响。投资者并不能摆脱对分析师推荐理由的依赖，当分析师的声誉较高时，投资者对推荐理由的依赖较强；而当分析师的声誉较低时，其推荐理由不会对投资者的决策判断产生影响。

（四）研究问题

本书聚焦于分析师的推荐理由、声誉与投资者的投资判断之间的因果关系，并检验投资者对分析师信任度、对分析师所推荐公司未来盈利潜力和股价上涨潜力的评价是否中介了分析师声誉对投资者的投资判断的影响。具体而言，本书提出以下几个研究问题。

1. 在分析师推荐买入的前提下，其推荐理由充分性的不同是否会引起投资者投资判断上的差异？投资者的投资判断主要体现在投资者对相关公司股票价格上涨潜力和投资吸引力的评价。

2. 在分析师推荐买入的前提下，分析师声誉是否会影响投资者的投资判断？根据心理学中的说服理论，说服的要素包括四个方面：信息的传递者（或信息源）、信息内容、沟通渠道和听众。在说服的过程中，谁是信息的传递者会对个体的决策产生影响，而个体往往会听从可信的专家。声誉较高的分析师对市场中的投资者的决策会产生较为重要的影响。所以，投资者对声誉较高的分析师的依赖程度较高。

3. 分析师的推荐理由和声誉是否共同影响个体投资者的投资判断？本书关注的焦点是在何种条件下投资者关注信息源的权威性，又在何种条件下关注分析师推荐理由，以及投资者是否会依赖于分析师推荐信息在论点强度（充分性）上的差异。本书假设当分析师的声誉较高时，其推荐理由对投资者投资判断的影响较大；而当分析师的声誉较低时，其推荐理由对投资者投资判断的影响较小；投资者的投资判断依赖于分析师的声誉。因此，本书检验分析师推荐理由对投资者投资判断的影响是否依赖于分析师声誉的高低。结果发现，只有在分析师声誉较高的条件下，分析师推荐理由才会对投资者的投资判断产生显著影响；反之，在分析师声誉较低的条件下，分析师推荐理由不会对投资者的投资判断产生影响。

4. 投资者对分析师信任度、对股价上涨潜力和对相关企业未来的盈利潜力的评价是否中介了分析师声誉对投资者对投资吸引力的评价的影响？借助实验研究的优势，本书检验投资者的投资判断过程。

本书拟通过理论分析和实验研究的方法来逐步解答上述研究问题。

二、研究意义

本书采用实验研究方法，研究分析师的推荐理由和声誉对非职业投资者投资判断的影响。在我国，分析师和投资者之间存在严重的信息不对称，在此背景下本书聚焦于分析师研究报告中所传递的推荐信息如何影响投资者的投资判断，对资本市场中分析师所扮演的信息传递者角色进行分析和讨论，帮助投资者正确使用分析师研究报告，提高资本市场的资源配置效率，并提供实验数据方面的支持，对我国证券行业的监管也具有十分重要的意义。本书的研究意义体现在以下几个方面。

(一)有利于充实和扩展心理学理论在会计领域中的应用

传统经济学理论认为人是理性的,人对信息的处理不受信息表达形式的影响,信息接收者能够理解信息背后的经济实质。然而20世纪80年代至90年代,一系列的研究表明市场并非半强势有效,甚至弱势有效,能否达到有效都值得怀疑(Fama,1980;Kothari,2001;Thaler,1999)。实验研究借助于心理学中的理论,主要是与决策和判断相关的理论,能够解释市场中参与个体的行为,这些行为能够决定市场的行为(Libby et al.,2002)。实验研究的最基本思想是决策制定者是有限理性的。心理学中的说服理论认为,论据类型和态度类型之间的匹配会影响个体的行为。分析师基于各种利益方的压力,有动机说服投资者接受其推荐的信息,而个体投资者往往是市场中非专业的群体,其经验较少,往往过度依赖分析师的推荐信息。同时,心理学研究发现,个体会经常使用一些简单而具有启发性的原则,如"相信专家"或"长信息更可信"(Chaiken et al.,1994)。因此,就出现了如下两个问题:当分析师为明星分析师时,投资者是否会认为该分析师值得信赖,据此进行投资决策并依赖于分析师的推荐信息;当分析师为非明星分析师时,投资者是否会忽视推荐信息的充分性,即当分析师声誉较低时,推荐信息论点的强弱是否会导致投资者投资判断出现显著差异。对于以上问题,本书采用实验研究的方法,不仅能够解释投资者在投资判断中对分析师所推荐信息的解读和使用,而且能够探究投资者在信息使用过程中进行投资判断的过程。因此,本书有利于丰富和扩展心理学理论在会计领域中的应用。

(二)有助于深入了解非职业投资者在投资判断中的信息处理过程

非职业投资者是一个十分重要的群体。截至2007年底,我国一共有3 000万名个体投资者,他们持有的股份约占整个股市流通市值的51.29%(张继勋等, 2012)。非职业投资者的投资判断对整个资本市场的健康运行和发展起着举足轻重的作用(Elliott et al., 2007)。因此,非职业投资者在进行投资判断时,如何对与投资相关的信息进行解读,如何运用这些信息,以及有哪些因素会影响他们的投资判断等问题,既是市场监管者、准则制定者、市场参与者等所关注的,也是会计理论研究者所密切关注的。一般来说,相对于职业投资者,非职业投资者具有较少的专业投资者知识,在投资判断中经常会使用次优的决策策略和启发法则。本书以工商管理硕士(MBA)学生作为非职业投资者的样本,检验了分析师的推荐理由和声誉对投资者投资判断的影响,并通过分析投资者对一些可能的中介变量的感知来洞悉投资者在信息加工和判断中的认知过程,这对全面深入了解非职业投资者在投资判断中的信息处理过程有重要意义。

(三)改善分析师职业规范,为监管者提供依据和启示

近年来,分析师荐股评级是否具有客观性和研究报告背后可能存在的利益冲突是否会损害投资者利益这两个问题日益受到市场的普遍关注(张雪兰等, 2008)。而研究者对于分

析师的利益冲突是否损害投资者利益尚未达成一致观点。Campbell 和 Kracaw（1980）强调在资本市场中，金融中介机构扮演了信息传递者的角色。Fama（1980）认为有效的声誉机制能够有效制约代理人的利益冲突行为；但声誉机制同样也面临着"可信性"的问题（Booth et al.，1986）。大部分研究者认为分析师基于对自身声誉的考虑，能够有效约束自身的行为并减少利益冲突行为（Beatty et al.，1996；Nanda et al.，1997；Dunbar，2000；黄春铃，2005）；但是也有研究者认为声誉机制不能约束分析师的行为，分析师的利益冲突行为会损害投资者的利益（陈同浩，2006；姚铮，2006；郭海星等，2011）。在我国的声誉机制尚不完善的前提下，本书采用实验研究方法检验了分析师推荐理由如何依赖于分析师声誉，即分析师声誉是否调节了推荐理由对投资者投资判断的影响，以期为我国证券市场监管效率的提高提供启示和借鉴。此外，本书还从投资者实际决策的角度出发，为监管机构更加全面了解分析师的研究报告如何影响投资者的决策过程提供相关经验证据，从而有助于其制定相关的法律法规来规范证券市场中分析师的行为，为投资者创造更好的投资环境。

第二节 研究框架、研究方法及研究创新

一、研究框架

（一）研究思路

本书的基本研究思路如下。首先，在对研究背景和实务现状进行综合分析的基础上提出研究问题，以及研究的理论意义和实践意义。其次，对与分析师的推荐理由和声誉相关的研究进行系统的梳理和回顾。文献综述主要有两部分：第一部分是关于分析师推荐理由对投资者的投资判断影响的研究；第二部分是关于分析师声誉对投资者的投资判断影响的研究。再次，重点研究分析师的推荐理由和声誉这两个因素对投资者的投资判断的共同影响，同时根据心理学中的说服理论，对相关自变量和因变量之间的关系进行理论上的论述，并提出相关假设。从次，通过实验操控，检验分析师推荐理由对投资者投资判断的影响是否依赖于分析师声誉；同时，借助实验研究的优势，检验分析师声誉是否被投资者感知到的分析师可信度所中介；以及检验投资者对相关公司未来盈利潜力和股价上涨潜力的评价是否中介了分析师声誉对投资吸引力的影响。最后，对实验结果进行分析，检验分析师的推荐理由和声誉对投资者的投资判断的影响，为证监会等监管部门监督和约束分析师的执业行为以及开展对投资者的教育提供政策上的建议，总结研究结论、研究局限，并展望未来的研究方向。

（二）研究框架和主要内容

根据本书的研究思路，本书的具体内容包括六章，研究框架如图 1.1 所示。

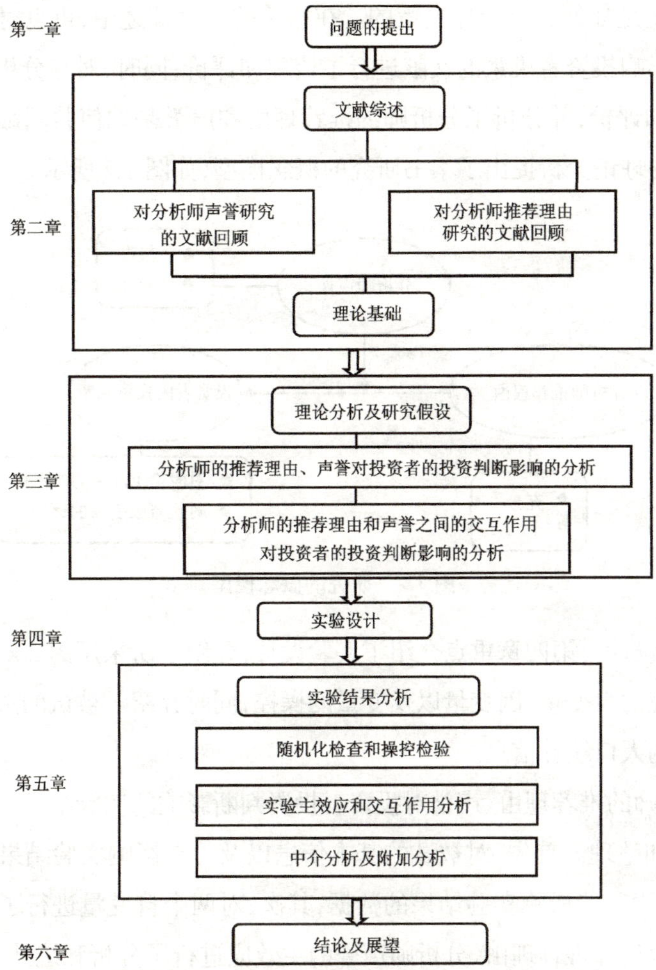

图 1.1　研究框架

各章节的主要内容如下。

第一章,引言。证监会和中国证券业协会在2012年对《证券分析师执业行为准则》进行了新的修订。第一章根据证监会和中国证券业协会对分析师研究报告以及分析师执业准则等的规定和具体要求,提出了研究问题及研究意义,同时介绍了本书的研究框架、研究方法以及研究创新,最后对分析师的推荐理由和声誉等主要概念进行了界定。

第二章,文献综述。首先,系统地梳理和整理了国内外针对分析师研究报告中相关内容的研究。其次,分别对分析师的推荐理由和声誉的相关研究进行了梳理并做了相应的评论,根据现有研究的不足,提出了本书的研究主题。最后,重点论述了分析师的推荐理由和声誉对投资者的投资判断影响的交互作用,并对投资者的投资判断的影响因素以及投资者做出投资判断的认知过程进行系统的分析和归纳。

第三章,分析师推荐理由、声誉与投资者投资判断关系的理论分析。在理论分析的基础上,提出了本书的研究假设。第三章主要根据心理学中的说服理论,阐述了说服者的可信度及说服者论点强度是如何影响个体决策的。在相关的文献综述中，重点对分析师研究报告中相关内容如何影响投资者决策的文献进行了梳理和评价；同时，对与分析师声誉相关的研究也进行了梳理和评价，并分析了分析师的推荐理由和声誉是如何共同影响投资者投资判断的。针对以上的理论分析提出了本书研究的概念模型，如图 1.2 所示。

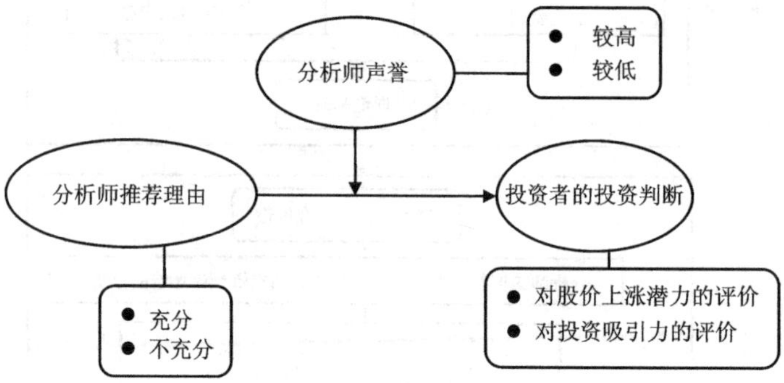

图 1.2 研究的概念模型

第四章，实验设计。第四章重点介绍了实验设计，介绍了所采用的 2×2 被试间设计，主要阐述了实验研究的自变量、因变量以及变量的操控，同时介绍了被试的选择、实验任务、实验过程以及相关的人口统计信息。

第五章，分析师的推荐理由、声誉对投资者投资判断影响的实验结果。第五章主要对实验结果进行统计和整理。首先，对被试的基本信息以及可能影响实验结果的相关数据进行了随机化检查，排除可能影响实验结果的数据；其次，对两个自变量进行了操控检验；再次，对本书所关注的分析师推荐理由、分析师声誉的主效应进行了分析和统计，同时重点检验了分析师的推荐理由与声誉对投资者的投资判断影响的交互作用，并进行了统计和分析；最后，借助实验研究的优势，对相关中介变量进行了分析，主要包括投资者对分析师可信度的感知，以及投资者对相关企业未来盈利潜力和股价上涨潜力的评价是否中介了分析师的声誉对投资吸引力的影响，同时对可能影响实验结果的相关变量进行了附加分析。

第六章，结论和展望。第六章总结了本书实验研究的结论，提出了本书研究的局限性，并展望了未来可能的研究方向。

二、研究方法

选择恰当的研究方法是实现研究目标的前提条件。根据研究目的和研究问题，本书采用理论分析和实验研究相结合的研究方法。

本书的理论分析主要体现在对分析师的推荐理由和声誉对投资者的投资判断的共同影响的分析。本书根据理论分析结果提出了相关的研究假设，进而采用实验研究方法对研究假设进行检验。本书的实验研究采用问卷的形式，研究投资者的决策行为。通过操控本书研究的两个自变量，观察由自变量的差异引起的因变量的变化，进而发现自变量与因变量之间的因果关系。

借助实验研究的优势，研究投资者的投资判断过程。在通常情况下，对于分析师推荐理由的研究很难直接采用公开的数据来分析推荐理由的充分性，而且对于推荐理由充分性的界定目前尚未有一个可供参考的标准。本书利用实验研究的优势，依据心理学中的说服理论对分析师推荐理由进行操控，便于了解分析师和投资者之间相关的影响因素和心理过程。所采用的实验研究方法，主要有以下两个方面的优势。

（一）检验自变量和因变量之间的因果关系

实验研究方法是根据研究的需要，操控一个或多个自变量，控制其他无关的变量，进而观察自变量的变化带来的因变量的变化，以此来检验自变量和因变量之间因果关系的一种科学研究方法。本书采用成熟的研究方法，即先通过理论分析来论证自变量和因变量之间的逻辑关系，用来组织、分析和理解所研究现象之间的因果关系（张继勋，2008）；依据心理学中的理论，通过系统的经验观察发现事实并提出问题和假设，验证理论（郭秀艳，2004）。在理论分析部分，首先界定了分析师的推荐理由和声誉等相关的基本概念；然后基于说服理论研究分析师推荐理由的充分性和分析师声誉对投资者投资吸引力评价的影响机制；最后，对投资者进行投资判断过程中的中介因素进行分析。

尽管采用实证研究可以通过市场的反应来检验投资者对分析师研究报告中的信息做出的反应，但是众所周知，股价、成交量或成交金额等变量所体现的市场反应是集体决策和判断的结果，也是投资者进行集体博弈后的最终结果。实证研究无法获知投资者在做出最终的买入、卖出或持有决策之前的行为；同时，单纯地采用市场反应指标来检验投资者的反应时，所得到的实证研究结果无法区分个体投资者和机构投资者之间决策行为的差异。相对于机构投资者而言，个体投资者往往具有投资经验和投资知识较少的特点。诸多研究者也发现个体投资者和机构投资者在信息获取、信息解读等方面存在显著差异（Maines et al.，2000）。因此，深入地了解个体投资者如何使用分析师研究报告中的相关信息，及如何对信息做出反应，是资本市场中的所有利益相关者普遍关注的焦点问题。本书以 MBA 学生作为个体投资者的样本，检验了分析师的推荐理由和声誉是如何影响投资者的投资判断的。

（二）检验投资者的投资判断过程

由于本书关注分析师的推荐理由和声誉对投资者的投资判断产生的影响，但证监会和中国证券业协会对分析师研究报告的内容缺乏明确具体的规定，尤其是对分析师的推荐理由仅仅给出了职业上的原则导向。这导致了开展相关研究具有一定的难度，无法以实证档案研究来对这种规章制度上的变化所带来的影响进行检验。但是实验研究可以通过严格的变量操控，紧密结合现实情境中的“自然状态”，有计划地控制环境和研究条件，观测个体在

体的这种不可观察的内在特质能够向市场传递信号;在一定范围内,该经济主体传递的信号可以与其他经济主体有所差异,正是这种声誉为该经济主体带来潜在的声誉价值。所以,声誉也往往与“可信度”联系在一起,声誉越高,可信度也越高。

本书研究的分析师声誉是指分析师的个体声誉,而非公司声誉。对于声誉的界定,学界尚未达成一致观点。目前,对声誉的界定主要是从某一个方面来进行的,如在实证研究中,往往通过分析师盈利预测的准确性、推荐评级的投资价值来进行操控,有些则根据分析师所在机构的声誉来进行排名。本书对分析师声誉的操控综合了以往的研究,从多个角度来完成。分析师声誉所传递信息的质量可以通过不同的标准来衡量,除了盈利预测、股票评级的准确性,以及发布信息的及时性之外,所谓的“明星分析师”效应更能够赢得投资者信任。明星分析师发布的盈利预测、股票评级等信息会更加可靠,能够提高投资者对分析师推荐信息的依赖程度。因此,本书综合地界定了分析师声誉,除了根据分析师的历史交易声誉进行操控之外,还根据权威评级所形成的“明星分析师”效应来整体操控分析师声誉。投资者根据分析师的行为属性和类型对其进行划分,进而改变自身的行为策略。正因为如此,在资本市场中,分析师比较关注自身声誉的形成以及声誉的维持,声誉作为一种有效的约束和激励,无论对资本市场中信息不对称现象的减少,还是对投资者利益的保护,都具有重要的价值。

第二章 文献综述

研究分析师对投资者的投资判断的影响，需要借鉴一些心理学中说服理论领域的相关研究成果。本章第一节主要整理研究分析师推荐理由对投资者投资判断影响的相关文献，包括国内和国外研究回顾两部分；第二节对心理学中的说服理论进行梳理和回顾；第三节主要整理目前分析师声誉的相关研究；第四节根据以上的文献回顾，对以往的相关研究进行述评，并指出其局限性。

第一节 与分析师相关的基础研究

一、分析师的行为特征及影响因素

以往对分析师行为特征的研究以实证研究为主，相关研究可以分为三部分（季侃等，2012）。首先是市场对分析师研究报告的反应研究。例如，白晓宇等（2007）研究了盈利预测对股价的影响，而朱彤和叶静雅（2009）则关注研究报告中的投资评级发布日对证券收益的影响（肖峻和王宇熹，2006）。其次是分析师对上市公司所产生的影响研究。例如，刘晔和肖斌卿（2009）研究了分析师对公司价值的影响，徐欣和唐清泉（2010）研究了分析师对公司研发活动的影响，朱红军等（2007）研究了分析师对资本市场效率的影响，于忠泊等（2011）研究了分析师对盈余管理的影响。最后是分析师的行为特征研究。例如，宋军和吴冲锋（2003）研究了股评家的"羊群行为"，潘越等（2011）则探讨了我国承销商利用分析师研究报告进行托市的现象。

胡奕明和林文雄（2005）采用问卷调查的方法研究分析师的学历、经验、工作环境和信息搜集途径是如何影响分析师的信息关注深度、分析质量和分析能力的，发现分析师搜集信息的途径对信息关注深度和分析质量有较大的影响。薛祖云和王冲（2011）通过实证研究检验了分析师在信息供给方面所充当的角色，发现分析师在发布盈余公告前发挥了信息竞争者的角色，而在发布盈余公告后则发挥了信息补充的作用，同时发现，企业风险越大，分析师的信息补充作用越小。

董大勇等（2012）研究了分析师发布报告是选择领先发布还是追随发布行为特征的影响因素，其研究为我们理解分析师发布信息的效率和羊群行为提供了实证数据，研究表明在跟进股票上常表现为领先发布以及所属机构年度发布研究报告数量越多的分析师，其发布报告的领先度更大；同时关注股票数量的增加会导致分析师注意力被分散，导致关注股票带来的历史领先因素对发布领先度的正向影响逐步减弱，表现出负向分散效应，而其他股票历史领先因素对发布领先度的影响随着关注股票数量的增加而呈现出逐步增强的正向效用。

林小驰等（2007）首次研究了海外分析师对我国上市公司做预测时的决定因素。研究发现，海外分析师倾向于选择经营质量好而且风险较小的公司，主要体现在所选上市公司的总资产较多、净利润增长率较高、资产负债率较低、权益收益率较高等；同时，海外分析师倾向于选择治理结构较好的上市公司。该研究在我们了解海外分析师预测信息的影响因素方面具有重要的借鉴意义。

郑方镳等（2006）系统、深入地回顾了国内外对分析师研究报告的市场反应，认为现阶段我国关于分析师研究报告市场反应的研究中，仍然有大量的问题有待深入研究。Francis et al.（1997）研究发现，分析师研究报告中的股票推荐评级和盈利预测这两类信息相互包含，彼此都能够独立地提供增量信息，当分析师发布了有利的股票评级后，投资者对盈利预测信息更新依赖程度更高。Brav et al.（2003）以分析师研究报告中的目标价格作为研究对象，研究分析师提供的目标价格是否具有信息含量。研究发现，目标价格与报告发布期间股票超常收益率之间的关系具有统计学意义，在模型中加入股票评级和盈利预测变量后，目标价格和超常收益率之间的关系仍具有统计学意义，说明分析师提供的目标价格具有一定的信息含量，除了股票评级和盈利预测信息之外，目标价格同样具有增量信息价值。

Asquith et al.（2005）首次通过实证研究研究并检验了市场回报和分析师研究报告中论证内容之间的关系，并首次对分析师研究报告中的要素进行了详细的分类。论证内容是指分析师研究报告中的定性描述，包含收入增长、盈利增长、新项目以及新产品介绍等内容，是分析师做出盈利预测和股票评级，以及确定目标价格的重要依据。作者研究发现，分析师的论证内容和目标价格都具有重要作用，尤其是控制了股票评级和盈利预测等因素之后，市场回报和分析师论证内容之间具有正向关系。

Stickel（1992）较早地采用事件研究方法检验了分析师声誉与分析师业绩之间的关系。研究表明，《机构投资者》杂志评出的明星分析师在上调盈利预测时，其在公告窗口内的股票市场中比非明星分析师的业绩高，并且差异具有显著性；但对于下调盈利预测后的市场反应，两者的差别则不显著。Mikhail et al.（1997）通过实证研究发现分析师对个股跟踪研究时间的延长和经验的增加，使盈利预测的精确性更高，市场对其股票评级更新的反应更强烈，但是很难区分到底是由于分析师经验的增加还是由于跟踪研究时间的延长产生了这一效果。

王征等(2006)以 2004 年 3 月至 2005 年 6 月为样本获取区间,研究我国分析师的建议是否具有投资价值。该研究发现我国券商研究员的投资建议可以为投资者带来超额收益,在增持评级组合水平下的差异显著,而在减持评级组合水平下的差异不显著,但是研究结果可能会受到样本量较少的影响。洪剑峭等(2012)通过实证研究检验了分析师的盈利预测的准确性及其与投资评级效率之间的关系。作者以 2005 年至 2010 年分析师发布的研究报告为样本进行分析,发现我国分析师的盈利预测的准确性和投资评级效率之间具有正向关系,研究结果表明更高的盈利预测准确性有助于分析师做出更有价值的投资评级。

王宇熹等(2012)检验了券商声誉、分析师声誉与分析师荐股评级价值之间的短期关系和长期关系,发现当资本市场处在不同的牛市或者熊市阶段时,不同声誉的券商发布的评级信息会对投资者产生不同的影响。蔡卫星等(2010)检验了上市公司多元化水平与分析师关注度之间的关系。其实证研究发现,公司多元化水平越高,分析师对该公司关注程度越低;与非相关多元化相比,相关多元化更容易受到分析师的青睐,存在这种关系可能的原因是随着公司多元化水平的提高,分析师获取信息的成本也随之增加,从信息获取成本的角度考虑,二者之间呈现一种反向关系,因此上市公司自身的特征也会影响分析师的决策。伍燕然等(2012)通过实证研究发现卖方分析师产生盈利预测的偏差受到投资者情绪或噪声交易的影响。该研究从非理性的角度,认为分析师盈利预测产生偏差并非仅仅是由于利益的驱动,只有将投资者情绪和利益驱动因素结合在一起才能更好地解释分析师的盈利预测产生偏差的原因,投资者情绪也是影响分析师的盈利预测产生偏差的一个重要原因。

财经媒体上的股票推荐活动在短期内也具有一定的超常收益率,说明在短期内该渠道传递的信息具有反映市场热点的能力,但是长期而言,超常收益率显著为负值。徐永新和陈婵(2009)选择 2007 年《中国证券报》专栏中的"实力机构周末荐股精选"作为研究对象,实证数据表明媒体推荐的股票在推荐之前一周已具有显著为正的超常收益率,股票推荐后的第一个交易日仍具有显著为正的超常收益率,但是在第二至第五交易日的超常收益率均显著为负,而投资咨询公司推荐的股票的这种市场反应更为突出。朱宝宪等(2001)研究《上海证券报》专栏中的投资建议是否具有投资价值。研究发现,推荐的短线股票组合收益要高于基金的收益,而中期投资建议推荐的股票的收益几乎都低于大盘平均值。

二、分析师研究报告的投资价值

在以往的相关研究中,分析师研究报告已经作为一个重要的研究对象,受到了实证研究者和实验研究者的普遍关注。早期对分析师研究报告的调查集中关注市场的反应,即分析师盈利预测和推荐评级的修订是否会带来正向或负向的超额回报。Abdel-Khalik et al.

(1982)研究发现,在盈利预测修订公告发布的一周内,其会给投资者带来显著的超额回报;Lys et al.(1990)的研究表明,分析师的盈利预测修订会给投资者带来超额回报;此外,其他研究者(Elton et al.,1986; Beneish,1991)采用事件研究法也得出了类似的结论,即分析师研究报告中的盈利预测和股票推荐评级具有信息性,能够带来正向或负向的超额回报。Asquith et al.(2005)更加全面系统地采用实证研究方法检验了分析师研究报告中的所有信息,不仅仅考虑了分析师盈利预测和推荐评级的修订,同时考虑了分析师研究报告中的股票目标价格和分析师推荐理由,以及这些因素之间的相互作用。其研究发现,在分析师研究报告的公告日,盈利预测和股票评级的修订与市场反应之间正相关;同时,相对于盈利预测修订而言,目标价格修订导致的市场反应更大,因此即使在模型中同时存在盈利预测和股票评级修订,目标价格的修订也能够为市场带来新的信息,而在模型中增加推荐理由和目标价格两个变量时,盈利预测所引起的市场反应有所降低。总之,Asquith et al.(2005)认为,分析师研究报告中的目标价格和推荐理由是解释市场对分析师研究报告做出反应的两个重要影响因素,而分析师采用的价值评估方法与市场反应和可能达到的目标价格之间没有任何相关性。

投资者特别关注分析师研究报告中三个方面的数据,即分析师发布的投资评级、估值区间和盈利预测。目前,国内文献重点集中在对分析师研究报告中这三个数据投资价值的研究。例如,吴东辉(2005)研究了分析师的盈利预测信息对投资者是否有投资价值。朱宝宪和王怡凯(2001)、徐永新和陈婵(2009)等主要聚焦于分析师投资评级和投资建议这两个因素的作用。

国内对分析师的研究主要集中在分析师研究报告是否具有信息价值。王宇熹等(2006)以申银万国研究所2000年至2004年所有的调研报告和深度报告为研究样本,检验分析师研究报告对于投资者是否具有一定的投资价值。研究表明,分析师推荐买入的股票平均在推荐事件后3个月内跑赢了大盘,中性推荐基本和大盘涨幅一致,而卖出推荐则跑输了大盘。刘昶和修世宇(2008)研究了分析师利益和分析师投资建议的信息含量,发现分析师投资建议大多为买入和中性建议,而卖出建议很少。分析师建议买入和卖出的股票在建议发布首日交易量会明显地增加,这说明投资者认为分析师的建议包含了有价值的信息。储一昀和仓勇涛(2008)根据2000年至2005年353家IPO(首次公开募股)公司及1 323个分析师定价预测的观测值,研究了分析师定价预测的一致性、意见分歧以及分析师跟进的人数对公司IPO时市场表现的影响,发现分析师定价预测的一致性与公司IPO收盘价在统计学上没有显著差异,并能很好地解释公司IPO收盘价,表明分析师预测的定价是值得信赖的,可以作为公司IPO价格的估量。

三、盈利预测、投资评级的准确度及其影响因素

分析师发布的盈利预测是分析师研究报告中的一个重要内容，有关分析师盈利预测的研究主要集中在盈利预测的准确度及其影响因素方面。李丹蒙（2007）、石桂峰等（2007）研究发现，公司亏损情况、公司规模、公司高管的背景和信息披露质量等会影响分析师预测的准确度。此外，分析师所在地的地理特征也会影响分析师预测的准确性（李冬昕等，2011；王玉涛等，2010）。

曹俊娥（2012）通过实证研究发现公司的基本特征会影响跟踪这家公司的分析师数量，同时，在掌握了公司基本信息之后，跟踪这家公司的分析师数量和股票交易量之间具有显著的正相关关系。公司基本信息主要包括公司无形资产、规模、收益率、股票波动以及公司成长性。该研究从理论上扩展了分析师研究报告信息含量的研究领域。分析师能够传递有价值的信息，对资本市场的发展起着重要作用，发挥了信息传递的作用。于忠泊等（2011）研究发现，分析师同机构投资者一样，也可以作为外部治理的重要目标，对公司盈利管理行为能够起到约束作用。

石桂峰等（2007）研究检验了分析师预测准确度的影响因素。研究发现：非营业利润所占比重越高，盈利预测的可预测性和预测准确度越低；盈利波动越大，盈利预测的误差也就越大，预测准确度也越低；预测机构越多，盈利预测的误差越小，准确度越高。该结果说明，我国分析师的预测存在一定的“羊群效应”。庞晓波和呼建光（2011）关注分析师对财务报告的预测和解读能力。其研究表明，在财务报告公布之后，分析师在一定程度上可以解读其内容并做出有效预测，但是对于复杂财务报告的解读能力和预测能力则较弱；在财务报告发布之前，分析师无法对财务报告的内容做出预测。徐欣和唐清泉（2010）通过实证研究发现，分析师对企业的研究与开发（Research and Development，R&D）活动具有一定的甄别能力，能够区别和对待企业在不同时期的专利，并对创新程度最高的发明专利给予更多的关注，而对其他类型的专利（如外观设计或实用新型专利）给予的关注较少。Amir et al.（1999）研究发现，分析师的信息能够弥补财务报告提供的信息量不足的缺陷，对投资者认识公司 R&D 活动的价值具有显著贡献。

李冬昕等（2011）研究发现，分析师所预测的上市公司与其所属机构在同一个省份时，分析师预测的结果更加准确，分析师的本土优势与公司的高成长性和公司的国有属性之间显著相关，与分析师的乐观性无关，可能与分析师具有的本土信息优势有关。李丹蒙（2007）以深圳证券交易所对上市公司信息披露的评价作为公司透明度的替代变量，检验了公司透明度与分析师预测行为之间的关系，研究结果表明公司透明度越高，越能够吸引更多的分析师关注，而分析师预测偏误的发生概率也越低。

蔡庆丰等（2011a）以分析师的评级调整事件为研究对象，发现分析师在信息处理上存

在显著的"羊群行为",而分析师的评级调整对机构投资者也存在一定的影响,分析师的"羊群行为"也会进一步影响机构投资者的行为。因此,分析师的"羊群行为"会降低市场的信息含量,并导致出现股票价值泡沫。肖斌卿等(2012)研究发现,分析师在发布盈利预测时,并没有考虑会计信息的稳健性。

朱红军等(2008)采用实证研究方法检验了修订后的分析师盈利预测是否具有信息价值,以及投资者对修订后的盈利预测信息做出的反应。研究发现,分析师的盈利预测在修订后能够给市场带来增量信息,分析师修订的盈利预测对公司基本面信息的关注较多,投资者对分析师盈利预测修订信息的反应与预测调整的幅度正相关,特别是在年报公布期间,市场对预测修订信息的反应更加强烈。蔡庆丰等(2011)采用事件研究法针对分析师评级调整的市场反应进行了实证研究,发现分析师对推荐评级的修订有复述市场信息的行为,若控制了市场前期公开的信息,分析师研究报告带给投资者的超额收益仅能弥补投资者的市场交易成本,向投资者提供的增量信息的价值非常有限。

关于分析师预测准确性的研究较多,大量的研究表明分析师预测准确性的影响因素主要包括分析师之前预测的准确性、预测时间的长短、从业经验、一般经验、预测频率、所在机构的规模、所跟踪的行业数量、所跟踪的公司数量(Clement,1999;Jacob et al.,1999);除此之外,还包括一些哑变量,如分析师的流动率、分析师的身份或地位。Mikhail et al.(1999)研究发现分析师的流动率和预测的准确性之间负相关,在一年中如果分析师更换了所属机构则赋值为1,否则赋值为0。Stickel(1992)研究发现被授予"全美明星队"的机构投资者发布预测的准确度更高。

此外,一些实证研究也聚焦于分析师发布盈利预测的准确性,这些研究的一个潜在的假设是分析师公开发布的盈利预测以一种无偏的方式披露了分析师的私人信息,但是这些假设的有效性有待进一步检验。Trueman(1994)通过模型研究发现,能力低的分析师会模仿能力高的分析师来发布盈利预测,分析师有一种倾向,即在发布预测时模仿之前其他分析师的行为。该结果说明分析师存在"羊群行为",而将分析师的平均预测值作为分析师的一致性预测的方法是不恰当的,在得出分析师的一致性预测之前,应该考虑个体分析师发布预测的先后顺序。

迎合理论在公司金融领域中已得到较为广泛的应用。Shleifer et al.(2003)运用迎合理论解释了上市公司的并购行为。Baker et al.(2002,2004,2009)运用迎合理论解释了上市公司的资本结构安排、股利政策和股票拆分行为。游家兴等(2011)采用迎合理论来解释分析师预测行为的偏差,通过中国分析师的样本证实了分析师存在迎合行为。作者基于声誉理论模型开展研究,为研究分析师预测行为的偏差提供了新的理论视角。结果表明,分析师预测行为依赖于投资者的情绪,在投资者情绪高涨阶段,分析师发布的预测也更加乐观;反之,则比较悲观。尽管研究分析师迎合行为的直接证据尚不多见,但从大量的有关分析师行为的实证研究中可以得知,股价是分析师推荐时考虑的重要因素,但对于我国分析师的研究报告,其中涉及股价的较少。例如,Lai(2003)研究发现,证券价格是分析师考虑的一个重要因素,尤其是当证券价格明显偏离其基本价值时,分析师会出于对其大客户的利益的考虑,迎合证券市场,吸引一些不知情的投资者进入市场,从而帮助其大客户获利。在市场情绪高涨时,分析师会出于活跃市场、增加交易量的目的,考虑增加卖方佣金收入,并迎合市场的预期(Cowen et al.,2006)。

第二节 与分析师推荐理由相关的研究

一、说服研究中对论点强度的研究

研究分析师研究报告中的论证内容对投资者决策的影响,有助于我们深入地了解证券市场中的信息传递机制,帮助我们详细地了解投资者如何对分析师推荐信息进行解读。因此,该领域成为近年来广受关注的热点。

根据Toulmin(1958)提出的论点模型,论点质量的操控主要依赖于一个论点中是否包括很必要的基本要素,具体来讲这些基本要素主要包括六个方面:论断(claim)、数据(data)、依据(warrant)、证实(backing)、合格者(qualifier)、反驳(rebuttal)。在上述六个要素中,前三个被认为是最重要的影响因素,在不考虑情境因素的情况下,这三个要素是形成任何论点的基础。而Toulmin(1958)提出的模型被认为是诊断论点强度的最有价值的有效工具。其中,论断是指为了得到普遍认可所提出的任何主张或结论;数据是指为了支持论断所使用的一切事实或证据;依据是指针对一个特定的论断,其中所有观点能联系具体数据,通过提供合理的根据来解释该数据为何支持此主张或论断。

对说服信息内容的研究主要采用思维罗列(thought-listing)的方式来评估论点强度(Petty et al.,1980)。但是,在说服研究中,论点强度以操控的信息特征来体现说服信息论点的强度(Johnson et al., 2005)。尽管论点强度研究的结果依赖于传递信息的主题和听众(Petty 和 Cacioppo, 1986),但是在说服研究中关于论点强度也得出了相对一致的结论,即与较弱的论点相比,较强的论点更容易引起人们态度和信念的改变(Johnson 和 Eagly,1989;Wood 和 Quinn,2003;Johnson et al.,2004)。

对论点强度进行研究主要有两种方法:第一种聚焦于所传递信息的内在特征;第二种聚焦于信息接收者的认知反应(O'Keefe et al., 1995;O'Keefe,2003)。尽管影响说服的因素包括情境因素,但是识别可能影响说服的不偏不倚的信息特征是研究论点强度的一种直接方法(Petty et al.,1998)。通过信息接收者对信息做出的反应来检测论点强度是一种间接的方法，聚焦于信息接收者对说服性信息论点强度所做出的反应。

在沟通交流中，个体感知到的论点强度在说服研究中是一个重要的概念。个体感知到的论点强度是指信息接收者对所传递信息的质量、充分性和说服力在信念上的一种感知。真实的说服效应，如态度的改变是一个较强并可靠的变量，可用来检测说服的效用（Dillard et al., 2007）。在此方面做出突出贡献的代表性人物主要是莫利（Morley）。Morley（1987）对 Toulmin（1958）的研究做了进一步的拓展，认为用说服性信息所传递的论点强度来解释说服效用，可以被看作信息接收者的认知活动（cognitive operations）在发挥作用；一个论点具有说服性，依赖于信息接收者对该信息所感知到的合理性（plausible）、重要性（important）、新颖性（novel）；信息接收者在这三个方面主观上的感知对于信念的转变是很有必要的。

也可以采用效用导向模式研究论点强度，该方法主要从预期价值的视角来分析论点强度。首次提出这种方法的是 Areni et al.（1988），其他学者（如 Johnson et al., 2004; Van Enschot et al., 2003）后来对此领域的研究又做了进一步的丰富和拓展。从预期价值的视角研究论点强度的研究者认为，一个结果在信念上的可接受性，取决于信息接收者在主观上认为该结果发生的可能性和对结果的期望。因此，对信息接收者而言，对结果的主观可能性的估计和预期是一个论点能否被其接受的两个主要影响因素，信息接收者根据这两个因素来决定论点的强度。

对于上述两种研究论点强度的方法，其共同点是在一个论点中对结果发生可能性的感知，这对于论点强度的判断具有重要作用。因此，通过信息接收者来评价一个论点所具有的真实价值，进而评价论点强度，是具有重要意义的。所以，对论点强度的感知，信息接收者往往根据信息中隐含的正面或负面情绪、一致性、合理性、重要性、新颖性、自信心及整体质量，来判断论点强度（Zhao et al.,2011）。

对于分析师解释（如推荐理由）的充分性能否促使投资者对该信息做出正面或负面的反应，学界尚未达成一致。心理学研究表明，解释通过恰当性和合理性使人信服（Staw, 1980; Keil,2006）；而个体在对信息做出行为反应时，在行为倾向上往往反映出自利的导向，对正面结果和负面结果的反映往往表现出不同的行为逻辑（Schlenker, 1980; Elsbach, 2003）。分析师有动机说服投资者接受买入的观点，分析师推荐理由的论点强度的充分性是本书的研究重点，分析师研究报告中包含的主要信息是分析师的股票推荐和盈利预测，而分析师对推荐结论解释的充分性则体现了分析师的努力程度。在分析师推荐买入的前提下，分析师对买入推荐理由解释的充分性越强，投资者对其努力程度和专业能力的评价才可能越高；反之，则越低。

二、对分析师推荐理由的研究

Previts et al.(1994)从卖方分析师的角度评价了分析师的信息需求,其根据 479 份卖方分析师研究报告,采用内容分析软件和手工搜集数据的方法,系统地研究了分析师研究报告中的内容。分析师研究报告中主要包括所涉及公司的基本信息和分析师对这些信息的评价,其中分析师对信息的评价占分析师研究报告的很大篇幅(Schipper, 1991)。作者通过统计研究报告中的内容,发现分析师特别强调公司的核心盈余和盈利质量,包括每股收益、盈余波动等内容;分析师将公司的业绩信息分解成为多个经营需求信息来披露,比 GAAP(一般公认会计原则)要求的更多;分析师通常喜欢采用历史成本来评估资产和负债的价值,而不是市场价值;分析师还在研究报告中考虑很多非财务信息,如公司风险及其关注程度、预期的变化、竞争立场和管理层的策略。作者的研究从信息提供者的角度全面地介绍了分析师的信息需求,但是尚未考虑投资者和分析师之间是如何相互影响的,以及分析师关注的信息内容能否影响投资者的投资判断。

Hirst et al.(1995)采用实验研究法检验了论点强度、报告来源和推荐结论三个因素对投资者投资判断的影响,发现只有分析师研究报告的推荐结论展现出负面预期的时候,分析师的论点才会对投资者的投资判断产生影响,原因是分析师研究报告中所体现的正面预期可能是分析师和企业合谋的结果,投资者认为分析师缺乏独立性,而在推荐结论表现出负面预期时,投资者对分析师论点的依赖性反而更高。此观点与 Michaely et al.(1999)的研究结论一致,即当分析师与企业存在一定利益关系时,投资者对该分析师推荐买入的评级做出的反应较小,主要原因是投资者无法充分相信并根据缺乏独立性的分析师得出的研究报告进行投资判断。

第三节　与分析师声誉相关的研究

Campbell et al.(1980)强调在资本市场中,金融中介机构扮演了信息供给者的角色。在 IPO 市场中承销商扮演信息供给者和信息认证中介机构的角色,同样也面临着可信性的问题(Booth et al., 1986)。分析师声誉是分析师内在特质的一种信号传递载体,是对分析师先前交易行为的一种记录和概括,投资者可以根据分析师的声誉记录来判断分析师的专业水平和职业道德。因此,声誉较高的分析师能够获得投资者的信任,分析师声誉的认证作用发挥得也就越明显。

在经济学领域,研究者一致认为声誉是保证契约诚实执行的重要机制。近年来,国外研究者把声誉机制引入分析师利益冲突行为研究中。分析师利益冲突是指分析师利用其信息优势,为谋求自身或第三者利益而损害客户利益的行为。大部分研究者认为,分析师基于对自身声誉的考虑，能够有效地约束自身的利益冲突行为；但是也有研究者认为，分析师会为了自身利益而损害投资者的利益，进而引发利益冲突。因此，对于声誉能否约束分析师的行为，学界目前尚未达成一致。

Fama（1980）认为有效的声誉机制能够有效地制约代理人的利益冲突行为。根据 Fama 的逻辑思想，在一个竞争激烈的资本市场中，分析师的市场价值取决于分析师过去的研究质量。黄春铃（2005）认为声誉机制是规避承销商道德风险，确保承销商信息可信性的重要制度。在 IPO 市场中，承销商的行为是持续性的，承销商与投资者之间的关系是多次重复博弈的结果。承销商的知名度越高，犯机会主义错误而付出的代价越大，自律性就越强。此外承销商声誉作为一种重要的无形资产，可以激励承销商对声誉进行长期的投资。所以，从长期来看，分析师必须对自己的行为承担责任，即使没有显性激励合同，分析师的道德风险行为在现实中也可以用“时间”加以解决。因此，分析师追求良好的声誉是为了获取长期收益，这是长期动态重复博弈的结果。

Holmstrom 等（1982，1999）进一步拓展了 Fama 的思想，给出了个体生命周期的重要含义，认为越年轻的分析师，工作就越努力，因为年轻分析师更关注自己声誉的积累，即在其职业生涯早期，声誉的激励作用较强，而到达职业生涯的末期，声誉的激励作用较小。金晓斌等（2006）通过实证研究发现影响投资银行声誉的主要因素是投资银行的综合竞争力，发行人总资产规模越大，越倾向于选择声誉较高的投资银行；同时发现，在中国证券市场的发展初期，投资银行所选择的承销企业之间的差异不显著，但是随着证券市场的不断发展，声誉较高的投资银行倾向于选择业绩好、发展稳定的企业作为承销对象。

一、声誉对分析师行为影响的争议

对于声誉能否约束分析师的行为，理论和实践研究存在较大的争议。有些研究者认为，分析师在实践中为了获取信息，往往面临不同的利益冲突，声誉机制不能够约束分析师的行为，分析师往往会牺牲投资者的利益。但是，部分研究者发现，声誉价值具有持续性，能够为分析师带来正面效应。因此，对于声誉能否约束分析师的行为，学界目前尚未达成一致。

（一）声誉不能约束分析师的行为

陈同浩等（2006）从博弈论的视角论述了我国承销商声誉建立的条件和声誉缺失的原因。根据声誉理论，由于我国资本市场缺乏对承销商的激励机制和惩罚机制，承销商的机会主义行为并不能解决发行人和投资者之间的信息不对称，这造成了承销商声誉机制的缺失。

在我国针对分析师声誉的研究中，大部分研究发现声誉不能够约束分析师的行为，可能是由于我国缺乏对分析师的激励和惩罚机制。早期的研究者，如胡旭阳（2003）通过实证研究发现在我国证券市场中，券商的声誉并不具有信息含量，券商声誉并不能作为确保第三方发布信息具有可靠性的机制。刘江会(2003, 2004)从承销费用的角度实证检验了承销券商声誉和承销费用之间的关系，发现不同声誉的券商在承销费用方面并没有本质差别。作者认为正是这种无差异性导致券商声誉价值不能有效地发挥作用。姚铮和罗炜阳等(2006)也认为我国监管者要强化对承销商的监督管理制度，尤其是执法的力度，通过声誉机制对承销商的机会主义行为进行约束，才能保证承销商的信息传递效用。郭泓等(2006)认为在管制市盈率下，承销商声誉与IPO抑价无关。郭海星等(2011)的研究表明，我国不完善的声誉机制无法约束承销商的机会主义行为，导致承销商的第三方认证功能弱化，发行价格偏离内在价值，不能有效降低发行人和投资者的信息不对称程度。

严格的监督惩罚机制会对分析师的声誉形成约束。Brockman(1996)选择承销商自身的股票价格作为衡量承销商声誉的标准，实证检验了承销商的机会主义行为被监管机构发现后对承销商声誉价值的影响。研究结果显示，承销商的违规行为给承销商声誉带来了不可挽回的损失。Beatty et al.(1998)以被SEC(美国证券交易委员会)调查违规的承销商为研究样本，其实证研究发现，被SEC调查的承销商市场份额一年内平均下降50%，而自身股价也随之下跌。Song等(2004)选择上市公司财务舞弊行为作为研究事件，研究SEC监管对负责该公司上市的承销商声誉的影响，发现承销商自身的股价随后也发生下跌。因此，SEC严格的外部监管制度，会对承销商声誉和客户声誉产生影响，会降低违规承销商的声誉价值，让违规者为自身的行为付出一定代价。

也有研究者关注分析师推荐信息是否会损害投资者利益。Dugar et al.(1995)以与投行有关联的分析师和无关联的分析师的研究报告为样本进行研究，发现与投行有关联的分析师在发布投资推荐和盈利预测方面表现出更多的乐观性，但是更有意思的结论是投资者根据乐观推荐所获取的收益并不因与投行有关联分析师的乐观推荐而降低，即投资者按照分析师推荐反而获得一定的收益。Agrawal et al.(2005)的研究也证实了Dugar et al.(1995)的结论，即分析师推荐所产生的投资收益和分析师利益冲突无关，投资者对分析师利益冲突所引发的乐观偏误反而形成了乐观的预期。因此，与投行有关联分析师推荐股票的投资价值不一定低于独立分析师的投资建议。Michaely et al.(1999)研究新股发行时发现，投资者在一定程度上能够识别与投行有关联的分析师的推荐信息，说明市场投资者具有发现的能力并能够对自身的行为做出调整。而McNichols et al.(2006)借鉴了Michaely et al.(1999)的研究，扩大了研究样本，发现投资者并不信任与投行有关联分析师的推荐。而Bradley et al.(2006)的研究结论与前者相反，其发现投资者对与投行有关联分析师和无关联分析师的反应并无差异。行为金融理论认为，由于心理偏差和选择偏差的存在，资本市场中的投资者可能不会调整其预期，主要是由于资本市场中存在资深的投资者，其更愿意相信自己的判断和决策，而这种自信能够使其利用分析师研究报告做出准确的判断，也有可能是投资者愿意相信自己熟悉的股票或熟悉的分析师并完成投资，即对众所周知的系统误差做出调整。因此，对于分析师对投资者投资判断的影响，学界目前尚未达成一致。

（二）声誉能够约束分析师的行为

首先，对于承销商声誉和IPO定价之间的关系，研究者目前尚未达成一致。国外大量的研究发现，承销商的声誉可以约束承销商的行为，在IPO定价环节能够抑制股票定价偏误。Nanda et al.（1997）研究了承销商定价水平对承销商声誉的影响，发现承销商如果定价偏高会导致自身的市场价值下降，反之则会提高自身的市场价值，定价水平对主承销商声誉的影响更为显著。该研究以承销商的市场价值作为衡量声誉的标准。Dunbar（2000）研究发现，上市公司更愿意选择声誉高的承销商发行股票，以保证上市公司能够募集到足够的资本。因此，声誉高的承销商会获得更大的市场份额，承销商声誉高低和承销市场份额的高低之间有正向关系。而Beaty et al.（1996）综合考虑了IPO环节中，承销商、会计师事务所和律师事务所三类中介机构对IPO抑价的影响，发现这三类机构的声誉越高，越能够抑制IPO定价水平，中介机构的声誉能够作为投资者的一个更好的参考因素。Kirkulak et al.（2005）选择日本证券市场中的承销商为研究对象，探讨了承销商声誉和IPO抑价之间的关系。其研究发现，声誉和IPO抑价之间的关系取决于市场对新股的需求程度，市场对新股需求较大时，声誉和新股抑价呈正向关系，反之呈负向关系。

储一昀等（2008）基于2000—2005年353家IPO公司及1 323位分析师定价预测的观测值，研究了分析师预测的一致性、意见分歧以及分析师跟进的人数对公司IPO市场表现的影响，发现分析师预测的一致性与公司IPO收盘价在统计学上没有显著差异，其结论能很好地解释公司的IPO收盘价。作者也认为分析师预测的价格是值得信赖的，可以作为公司IPO收盘价的估计。张强等（2011）研究发现，中介机构声誉对IPO直接成本有显著正向影响，即存在着明显的“声誉溢价”效应。

其次，也有研究者关注分析师声誉能否约束其自身的行为。Jackson（2005）研究发现，分析师声誉可调和利益冲突，分析师可通过发布乐观的预测或更准确的预测提高其声誉水平，并为所在机构带来更多交易；同时，劳动力市场所发挥的信号传递功能也能够约束分析师的乐观行为，分析师的预测准确度越高，其越有可能到具有较高声誉的公司就职或得到晋升（Hong et al., 2003）。而Fang et al.（2009, 2014）研究发现，明星分析师的买进推荐操作获利水平高于其他分析师，而且在市场反弹期间明星分析师的推荐评级仍然具有投资价值；而在市场低迷时期，明星分析师能够迅速地调低买进评级。可见，声誉在分析师面临利益冲突时起到了规范的作用。于静等（2008）研究明星分析师战胜市场的能力，发现明星分析师推荐的股票具有三个月的投资价值，尤其在推荐的第一个月内投资价值较高，但其推荐的股票并不具有超额收益率。

Fang(2004)主要考察了不同声誉分析师在发布盈利预测准确性方面的差异,结果表明声誉较高的分析师的预测准确性显著高于声誉较低的分析师。Livingston(2000)的研究发现了一个奇怪的现象,即在市场中承销商声誉与承销费用之间呈现反向关系,相对于低声誉承销商而言,高声誉承销商的承销费用反而较低;而Fang(2002)从承销费用构成的角度入手,认为收费较低的原因是高声誉承销商往往选择风险较低的上市公司,风险补偿金在承销费用中所占比重较小。

最后,研究者还关注分析师与其他信息提供者相比,是否具有一定的优势。Bruce(2002)和Jegadeesh et al.(2004)认为,分析师在搜集信息和分析处理信息方面具有专家的才能,进而导致投资者对分析师的股票推荐过度依赖。同时,心理研究发现,个体在决策过程中容易受到"专家观点"的影响(Chaiken, 1980; 1994; Steginga, 2004),而个体对专家观点做出反应时主要基于对专家的信任,特别是当与决策相关的信息比较模糊时,这一点表现得更为突出。分析师是资本市场中的一个主要的信息源,其主要任务是向投资者提供未来的盈利预测和推荐评级,并给出风险提示。由于未来不确定性较高,影响股票价格的因素也较多,个体投资者往往经验较少,对分析师的观点容易产生依赖。Kelly et al.(2012)通过实验研究发现,警示可以减少投资者对分析师推荐评级的过度依赖。

目前,对分析师声誉的确定存在多种计量方法。Stickel(1992)以全美明星分析师中的机构投资者作为声誉高的替代变量,发现全美明星分析师中的机构投资者相对其他分析师,能够提供更加准确的盈利预测,发布预测的频率更高,在大额的向上修正评级中获得更高的股票回报。王宇熹等(2012)主要检验了明星分析师的推荐评级是否优于其他分析师,发现在牛市阶段或熊市阶段,非明星分析师的买入和持有评级的信息价值高于明星分析师的评级,明星分析师的卖出和减持评级的信息价值最高,而非明星分析师的卖出和减持评级的信息价值最低。此研究结论与国外的研究恰好相反,国内的明星分析师在选股方面并不总是优于其他分析师,主要是由于我国缺乏对分析师监管、声誉评级及相关的惩罚机制。

二、声誉量度的研究

首先,学界对于声誉的界定一直存在分歧,尚未形成统一的概念,对于声誉的研究主要围绕声誉的主体。如果声誉的主体是集体,相关研究主要与团体声誉相关,例如Weigelt(1988)认为公司声誉是企业的一组特性,源于企业的历史行为;Herbig(1994)认为声誉是各利益主体对企业过去行为的一种整体上的认知和判断。在会计学研究领域,研究者基于信号传递理论展开研究,大部分研究者认为声誉是一种无形资产,当声誉好的时候可以为公司带来利润;反之,当声誉差的时候则会为公司带来损失(Keller,1974;Mattews,1984)。

其次是关于个体声誉的研究。本书就聚焦于对个体声誉的研究，即对资本市场中的分析师声誉进行研究。目前学界对个体声誉的界定，大部分是从个体声誉评价方面开展的，如Doby(1995)认为，个体声誉就是公众对个体性格的综合评价，因此可以根据相关特征对个体声誉进行客观评价。而Tsui(1984)认为，对个体声誉的评价具有主观性，是基于评价者对个体的印象和期望做出的一种判断。一些研究者对个体声誉提出了更加综合的评价，认为个体声誉本质上是个性特征和历史表现的综合(Herbig,1994;Raub,1990)。总之，根据以往的研究，我们可以发现，个体声誉主要由三个方面构成:个人层面的指标(如自我表现、性格、智力、道德等)，绩效相关的指标(如工作业绩、历史行为)，其他指标(如评价者对个体将来表现的预期、组织和个人的协调性等)。

目前，对声誉的计量也存在多种方式，主要有以下几种。

(一)根据个体特征来界定声誉

Stickel(1992)在预测公告发布日前后11天的窗口期内研究分析师声誉与其自身预测行为的关系，研究发现，声誉不同的分析师在盈利预测的准确性和预测频率等方面存在差异，即声誉高的分析师(如机构投资者)预测得更准确，发布预测的频率也比其他分析师高。

李辰颖等(2012)选择媒体对CEO(首席执行官)姓名曝光的频率，即CEO姓名在百度新闻搜索中出现的频次来计量CEO的声誉。作者从CEO个人特征、企业经营特征、企业承担的社会责任和公司治理四个维度来研究CEO声誉的影响因素，发现高管持股比例、企业规模、CEO薪酬、企业对国家和员工贡献率与CEO声誉在统计学上显著正相关。其中关于CEO个人特征，作者主要从CEO的性别、现金薪酬、年龄以及任职时间等方面进行计量。结果表明，薪酬可以有效地促使CEO关注自身的声誉，减少逆向选择行为。

(二)根据过去的业绩来界定声誉

Hutton(2007)依据管理层之前预测的准确性和发布预测的频率来界定管理层的声誉。研究发现，当管理层公布一个极端的盈利信息时，管理层声誉对投资者的影响更加突出，即当管理层建立一个较为可信的声誉时，投资者对管理层发布的极端盈利信息的反应会更加强烈。Bonner et al.(2007)也对分析师声誉进行了界定，认为除了业绩指标以外，一个著名的或被广为宣传的分析师也可被称为高声誉分析师，因此可根据卖方分析师姓名在媒体上被报道次数的多少来界定分析师声誉的高低。在预测公告的短期窗口内，投资者会根据媒体报道范围内的分析师盈利预测修订做出一个正向的反应。在分析师预测准确性和薪酬状况不变的情况下，盈利预测修订与市场反应之间的正相关关系保持不变。

Mayhew ct al.(2001)将声誉定义为个体的历史行为表现。Meggision et al.(1991)采用

证券承销商在资本市场中的市场份额作为证券承销商声誉的替代变量。Bates et al.(2002)选择证券承销商的市场份额作为声誉的替代变量,实证检验了承销商声誉和IPO抑价水平之间的关系,发现证券承销商的声誉与IPO抑价水平负相关,声誉并不能有效地抑制股票定价水平。James(1992)则认为承销商的服务费用是影响承销商声誉的重要因素。

Bonner et al.(2007)对分析师声誉进行了新的界定,认为分析师除了应具有与业绩相关的优秀品质之外,还应该是一个广为人知的个体。作者以分析师姓名被主要媒体报道的次数作为分析师声誉的替代变量,研究发现,分析师(投资机构)被媒体报道次数越多,投资者对该分析师(投资机构)的盈利预测修订做出的反应越大。同时,发现,分析师(投资机构)之前较好的预测绩效与其被媒体报道次数之间呈现正相关关系,因此作者认为媒体对分析师的报道次数可以作为分析师声誉的一个替代变量。而Chen et al.(2013)则认为,Bonner et al.(2007)的研究不能明确地区分市场对分析师盈利预测修订做出的反应,无法判断相关反应的出现是由于媒体披露了分析师姓名,还是由于分析师之前较好的业绩表现,或者是由于二者的共同作用。因此,作者借助实验研究方法的优势,检验了媒体披露分析师姓名和分析师之前业绩两个因素对投资者所感知到的分析师可信度和盈利预测准确性的影响。根据心理学中个体做出决策时依赖于单一线索的理论,作者研究发现,当向投资者披露分析师之前的业绩时,披露分析师的姓名并没有给投资者在判断分析师的可信度和盈利预测准确性方面带来增量效应,即当两条不同来源的线索同时提供给投资者时,投资者并未对这两条不同来源的信息进行整合,也就是说在告知投资者分析师之前的业绩且披露分析师姓名时,投资者并未依赖于这两条信息对分析师声誉做评价。因此,这两条信息对投资者判断的影响存在相互替代的作用,且投资者不具有信息整合的能力。

(三)根据权威机构的排名或评选来界定声誉

Hodge et al.(2006)根据美国财务会计基金会(FAF)对公司财务披露的评级来划分管理层报告的声誉。在管理层报告声誉较高的水平下,告知投资者在最近的FAF调查中,该公司披露的财务信息的质量排名处在前五名,同时该公司在同行业中得到了最高的评级;在管理层报告声誉较低的水平下,告知投资者在最近的FAF调查中,该公司披露的财务信息的质量排名处在后五名,同时该公司在同行业中得到了最低的评级。通过实验研究发现,管理层对混合证券的分类选择依赖于报告的环境和管理层报告的声誉。管理层报告的声誉较高时,不论管理层将混合证券归入负债还是所有者权益,投资者对管理层可信度的感知没有差异;而当报告的声誉较低时,投资者对管理层将证券归入负债的可信度感知要高于将其归入所有者权益时的感知。

王宇熹等(2012)将《新财富》杂志评选的年度明星分析师作为分析师声誉和券商声誉的代理变量,并以分析师的推荐评级作为研究对象,检验了券商声誉、分析师声誉与分析师推荐评级价值之间的短期关系和长期关系。其研究发现，分析师声誉可以作为一种投资价值的信号，进而帮助投资者预测未来的分析师推荐评级，但明星分析师并不具有持续稳定的超常选股能力。

三、声誉价值的持续性

如何保持声誉，即促使声誉价值具有持续性，长期以来是声誉研究中的一个热点问题。大量研究表明，如果一个长期博弈者的历史行为被其他参与博弈的人观察到，声誉价值的持续时间不会长久。这些结果不能解释市场长期面对巨大的不确定性，为何仍然能够长期继续运作。Ekmekci(2010)通过一个核心信息传递机制来研究如何使声誉具有持续性影响，即通过一个评级机制来解决声誉价值的持续性问题。在重复博弈中，该评级机制负责收集博弈参与者的历史结果，并处理这些信息，将处理后的信息告知博弈中的其他参与者。这种模式常常用在网络交易方面，其可以促使一个真实的长期博弈者(如网络销售商)为了某一种承诺类型而建立一种声誉。在任何历史博弈之后，这种机制都可以为博弈参与者带来承诺价值。对于企业而言，较高的评级意味着更高的声誉价值，可以激励其一直保持较高的努力水平，这为网络交易声誉体系的建立、收集和报告声誉信息提供了另一种研究思路。Clarke et al.(2007)梳理了网络交易的信任体系和声誉体系。作者认为，网络交易的声誉体系可以分为两种类型：中央声誉系统和分类声誉系统。中央声誉系统主要是指对于某一个参与者(如销售方)的行为表现，由和该参与者有直接接触的另一方(如消费者)来进行评级，然后由声誉中心收集这些评级信息并计算出该参与者的声誉得分，之后将该得分向市场中的所有消费者公布。而在分类声誉系统中，没有声誉中心这样的机构，只有参与方彼此的分类评级得分，即每个参与者(如销售者)评价与其有过交易行为的消费者，并经消费者同意后将此信息提供给可以信赖的人。

随着互联网的不断发展和网络交易的普及，网络交易声誉研究成为一个新的研究领域。针对网络交易声誉机制的研究，主要是检验网络交易中卖方的声誉对产品质量和价格影响的实证研究。Melnik et al.(2002)利用经验数据检验了卖方声誉对买方网络网络意愿的影响，结果表明声誉对网络上拍卖物品的价格具有正面的影响且差异在统计学上显著。Livingston(2005)选择在线拍卖网站eBay的声誉系统为研究对象，发现在首次披露卖家的报告时，拥有良好声誉的卖家的商品更容易销售，其商品也会以较高的价格卖出，但是在披露卖家声誉之后，良好声誉对其得到回报的正向影响则变得较小，表明除了声誉之外，可能还存在其他因素影响卖家的回报。而Jin et al.(2006)的研究发现，良好的声誉机制并没有为客户带来潜在利益提升，卖方声誉、产品价格、产品质量以及宣传之间并没有直接联系，声誉较高的卖家并没有为客户提供更高质量的商品，反而经常欺骗客户。因此，一旦获取声誉之后，如何维护声誉也是一个重要的研究问题。

在金融市场中，声誉对贷款定价和融资方式的选择都具有重要的影响。Diamond（1991）采用博弈论模型探讨监督和声誉如何相互作用，进而影响信贷市场金融主体的借贷行为。研究发现，声誉可以大大缓解投资者和借款人信息不对称的矛盾，双方可以在债券的定价方面达成一致意见。Mizen et al.（2011）采用大样本数据对企业声誉和企业债券发行之间的关系进行了检验，发现企业声誉会对企业债券发行产生重要影响，而拥有良好声誉的企业更愿意发行债券。McCahery et al.（2010）研究了在银行辛迪加贷款中，牵头代理银行声誉如何影响贷款合约的制定，合约的内容包括收益差、贷款费用、包含的限制性条款契约等要素。该研究表明，在控制了借贷双方的非随机性匹配因素之后（即避免了自我选择偏误），牵头代理银行声誉越高，将会导致更高的价差，牵头代理银行在整个辛迪加贷款中贷款的比重越大；较大的价差也常出现在借款人没有信用评级的情况下，主要是由于牵头代理银行产生了一定的声誉价值。此外，牵头代理银行能够选择最好的业务，并销售较大的贷款比重给借款人，但是在私人的辛迪加贷款中，鉴证似乎被认为是通过牵头代理银行给自己保留更高的贷款比例来实现的，这种情况只发生在没有信用评级的借款人身上。

四、声誉依赖于其他因素

万丽梅等（2013）通过实证研究发现，分析师声誉对投资者的影响作用依赖于市场环境。当市场处于“牛市”时，明星分析师和非明星分析师对投资者的影响无显著差异，分析师推荐信息未能体现公司特质；但是当市场处于“熊市”时，相对于非明星分析师而言，明星分析师会发布更能够反映公司特质的信息，作用更为显著。因此，分析师声誉对投资者的影响依赖于市场环境。杨晔等（2013）采用问卷调查方法，利用结构方程检验投资者对分析师信息服务质量满意度和忠诚度的影响因素。该研究发现，分析师服务质量对投资者满意度有正向的影响，而影响投资者对分析师的忠诚度的因素主要是投资者满意度；可通过减少投资者对分析师的不满，提升投资者对分析师的忠诚度。因此，作者认为分析师应该强化自身的职业声誉，强化公众对其的信心，保护投资者利益，这样才能提高投资者对其的满意度和忠诚度。

第四节 对以往相关研究的评述

根据前面对分析师推荐理由和声誉方面相关文献的回顾，我们可以发现，有关分析师研究报告对投资者投资判断影响的研究已经得出了大量的研究成果。在研究方法上，这些研究主要采用实证研究方法检验分析师研究报告中的盈利预测、目标价格和推荐评级如何影响投资者的投资判断，以及这些因素之间如何相互作用。而对分析师声誉的研究，主要集中在分析师声誉能否约束分析师自身的行为。关于高声誉分析师在发布盈利预测等方面是否偏误更小，目前研究者尚未取得一致结论，主要原因是对声誉的界定尚未形成统一的标准。此外，研究窗口的选择以及市场行情的变化也导致研究者关于声誉对分析师行为的约束存在不一致的观点。

针对分析师研究报告中涉及的分析师推荐理由的研究较少，而对于研究报告中盈利预测和目标价格等要素的研究则较多，其中一个主要原因是研究者对于分析师推荐理由的充分性尚未形成一个统一的判断标准，也很难使用公开的数据进行实证研究。因此，借助实验研究的优势，通过实验操控检验分析师推荐理由如何影响投资者的投资判断就显得尤为迫切，尽管也出现了一些检验分析师研究报告的论点强度如何影响投资判断的实验研究，但是对于分析师推荐理由对投资者投资判断的影响如何依赖于分析师声誉，研究者目前尚未开展深入系统的研究。尽管实证研究根据市场反应检验了投资者的投资判断，但是市场反应是资本市场中所有相关利益主体集体决策判断的结果，影响因素较多，很难归因于投资者的决策，特别是对于非职业投资者如何做出投资判断有待进一步研究。因此，借助实验研究可以检验决策过程这一优势，对影响投资者最终决策的中介因素进行系统的研究，为揭示投资者的投资判断过程提供实验数据。

因此，根据前面的相关文献回顾，目前对分析师推荐理由和声誉的研究主要存在以下四个问题。

（一）关于分析师研究报告中信息内容的研究，学界尚未达成一致

本研究与 Previts et al.（1994）、Hirst et al.（1995），以及 Francis 和 Soffer et al.（1997）的研究的相关性较强，这三项研究在研究分析师研究报告时，考虑了对分析师研究报告中内容的研究。本书的研究结果与 Francis et al.（1997）的研究结果具有一致性，即若分析师研究报告体现出正面性，则投资者对分析师研究报告中推荐理由的依赖程度较高。而 Previts et al.（1994）采用专业的语言测试软件来检验分析师研究报告中所表现出的措辞或语气，但是未采用统计方法检验分析师研究报告中的推荐理由和市场对推荐理由做出的反应。Hirst et al.（1995）采用实验研究检验了论点强度、报告来源和推荐结论三个因素对投资者投资判断的影响，该研究发现：只有在分析师研究报告的推荐结论体现出负面预期时，分析师的论点强度才会对投资者的投资判断产生影响，可能的原因是投资者认为正面消息缺乏独立性；此外，在推荐结论表现出负面性时，投资者对其推荐理由的依赖性更高。此观点与 Michaely et al.（1999）的研究结论一致，即当分析师与代理公司存在一定利益关系时，投资者对这类分析师的推荐买入评级做出的反应较小，主要原因是投资者无法充分相信并使用缺乏独立性的分析师研究报告中的相关信息进行决策。

（二）关于声誉价值的研究尚未达成一致

目前，针对国内证券承销商和分析师声誉价值的研究重视实证检验，但是缺乏系统的理论分析和论述，对声誉价值的形成、维护及持续性等的研究也相对较少，尤其对声誉的持续性以及声誉的修复问题的研究比较滞后。同时，关于声誉价值所发挥的是溢价效用还是折价效用，目前学界也没有达成一致观点。例如，Melnik et al.（2002）认为声誉对网络上拍卖物品的价格具有正面的影响，该研究证实了具有良好声誉的个体能够影响购买方的行为，并且给自身带来良好的溢价效应。而郭海星等（2011）的研究表明，我国不完善的声誉机制无法约束承销商的机会主义行为，导致承销商第三方认证功能弱化，发行价格偏离内在价值，不能有效降低发行人和投资者的信息不对称程度。当前的研究聚焦于证券承销商或者相关机构的声誉价值和 IPO 抑价之间的关系，重点关注良好的声誉能否在 IPO 环节支撑有效的定价，并在资本市场中发挥减少信息不对称的效用。此外，也有部分研究者关注证券承销商声誉对上市公司承销费用的影响，以及对 IPO 公司上市质量的影响（刘江会，2004），这类研究对于检验声誉机制是否在资本市场中发挥作用具有重要的参考价值。

（三）分析师声誉计量方法单一

在我国目前对分析师声誉计量的研究中，常见的声誉计量方法主要有以下三种。

1. 采用中国证券业协会定期公布的数据来评价券商的声誉。中国证券业协会根据券商的经营业绩来进行排名，主要采用承销商的承销金额和承销家数这两个指标。

2. 借鉴《上海证券报》推出的券商综合实力排行榜。该排行榜以证券公司各种业务收入占总业务收入的比例作为排名的权重，通过加权计算，得出每个券商的综合业务价值，并根据该指标得到各券商的声誉排名，其主要标准是券商的收入构成。

3. 聂祖荣等（2003）提出了券商竞争力排名体系。该排名体系主要从经营能力、创新能力、治理结构、核心业务能力、风险管理能力、人力资源、企业文化七个方面对券商的竞争力进行排名，其中券商的承销业务水平情况体现在核心业务能力中。

（四）缺乏对分析师推荐理由和声誉之间相互影响的研究

现有针对分析师的研究偏重于从分析师的视角着手，解读分析师的行为，关注分析师如何发布报告，以及分析师发布报告的影响因素。现有研究缺乏对投资者投资判断的研究，特别是针对非职业投资者的研究。现有研究聚焦于使用外部可获取的公开数据来研究分析师对投资者的影响，但往往是分别研究分析师声誉、推荐理由对投资者的投资判断的影响，缺乏针对二者之间相互作用的研究，尤其缺乏对分析师推荐理由的研究。这主要是由于很难通过公开数据来对分析师推荐理由进行探讨，也没有关于推荐理由的统一研究标准。因此，分析师推荐理由和声誉这两个因素如何相互作用并改变投资者的投资判断，是本书关注的重点问题。此外，实证研究往往根据超额回报率来衡量投资者对分析师研究报告的反应。

众所周知,超额回报是集体决策判断的结果,很难通过该因素了解个体投资者是如何进行投资判断的。通过实证研究,尽管可以检验不同变量之间的相关性,但是无法获知投资者投资判断的过程。本书借鉴实验研究方法,充分地分析投资者在做出买卖决策之前,如何进行评价或判断,可以为了解投资者的投资判断过程提供新的经验知识。

第三章　分析师的推荐理由、声誉与投资者投资判断关系的理论分析

本章基于心理学中的说服理论，对分析师推荐理由、声誉对投资者投资判断的影响进行理论分析。在本章的核心论述中：第二节，从整体上论述分析师研究报告对投资者投资判断的影响，尤其是分析师推荐理由的充分性对投资者投资判断的影响；第三节，系统地讨论分析师声誉对投资者投资判断的影响；第四节，论述分析师推荐理由和声誉如何共同影响投资者的投资判断，同时根据之前的理论分析，提出本书的研究假设。

伴随着我国证券市场的不断完善和发展，我国的分析师队伍也逐步壮大，分析师的分析水平与研究能力已成为券商的核心竞争力。但是我国证券研究领域存在着诸多深层次的问题，如研究报告同质化、跟风化，缺少质疑精神，忽视风险警示，卖出评级远远少于买入评级。以上种种问题都使分析师的客观性、独立性受到市场相关利益主体的普遍质疑。为了规范券商研究报告，证监会于 2012 年正式实施的《规定》明确指出，证券公司、证券投资咨询机构发布证券研究报告，应当遵循独立、客观、公平、审慎原则，有效防范利益冲突，公平对待发布对象，禁止传播虚假、不实、误导性信息，禁止从事或者参与内幕交易、操控证券市场活动。《规定》首次明确地对分析师发布研究报告的行为做出了明确的要求。但是在实践中，分析师能否严格地执行《规定》，遵守行业规则，保护投资者利益，投资者能否识别券商发布的有偏研究报告，亟须进一步研究和探讨。

第一节　说服理论与投资者的投资判断

态度及态度改变问题长期以来是社会心理学研究的重要领域之一，态度问题也一直备受心理学家的普遍关注，诸多理论都被用来解释态度形成和态度改变，主要代表人物是霍夫兰德（Hovland）和西尔斯（Sears）等，他们在这些方面做出了重要的贡献。Hovland 于 1959 年提出了描述个体态度改变的模型。作者认为态度改变的过程也是信息交流的过程。构成这一模型的要素包括说服者、说服对象、说服信息和说服情境，这四个要素构成了态度改变的核心要素。在个体被说服的过程中，说服者、说服信息和说服情境三个要素是态度改变的外部刺激，根据认知反应论（cognitive response theory）的观点，个体在接收到来自他人的信息后，会产生一系列的主动思考，这些反应决定了个体对信息的整体反应。本书的研究主要

关注三个方面，即分别对说服者特征、说服信息内容和说服对象进行分析与研究，下面主要介绍说服信息内容和说服者特征方向的研究。

一、说服信息内容

对说服信息内容的研究主要采用思维罗列（thought-listing）的方式来评估论点强度（Petty et al.，1980）。在说服理论研究中，说服信息的论点强度往往通过信息特征来体现（Johnson et al.，2005）。尽管论点强度的影响因素包括传递信息的主题和听众（Petty et al.，1986a），但是研究者在论点强度效用方面的研究得出了相对一致的结论，即与强度较弱的论点相比，强度较强的论点更容易改变人们的态度和信念（Johnson et al.，1989；Wood et al.，2003）。

对论点强度的研究主要有两种方法，第一种聚焦于所传递信息的内在特征；第二种聚焦于信息接收者的感知和反应（O'Keefe et al.，1995）。尽管影响说服的因素包括情境因素，但是识别可能影响说服的不偏不倚的信息特征是研究论点强度的一种直接方法（Petty et al.，1998）。通过信息接收者（说服对象）对信息的感知和反应来研究论点强度是一种间接的方法，其主要关注信息接收者对说服信息做出的反应，因此研究的焦点是信息接收者对说服信息的论点强度的感知和反应。

在沟通交流中，个体感知到的论点强度是说服理论研究中的一个重要概念。个体感知到的论点强度是指信息接收者对所传递信息的质量、强度和说服力在信念上的一种感知。真实的说服效应（如态度改变）是一个较强并可靠的变量，用来测量说服的效用（Dillard et al.，2007）。在此方面做出突出贡献的代表性人物是Morley。Morley（1987）对Toulmin（1958）的研究进行了进一步拓展，认为可用说服信息所传递的论点强度来解释说服效用，说服过程可以被看作信息接收者的认知活动（cognitive operations）在发挥作用，一个论点的说服性依赖于信息接收者对该信息所感知到的合理性（plausible）、重要性（important）、新颖性（novel）。信息接收者在这三个方面主观上的感知对其信念的转变是很重要的。

采用效用导向模式研究论点强度的方法主要从预期价值的视角来分析。首次提出这种方法的是Areni et al.（1988），其他学者（如Van Enschot et al.，2003）后来对此领域的研究又做了进一步的丰富和拓展。从预期价值的视角研究论点强度的研究者认为，一个结果在信念上的可接受性，取决于信息接收者在主观上认为相关事件发生的可能性和对结果的期望。因此，对信息接收者而言，其对结果的主观可能性估计和预期是一个论点能否被接受的两个主要影响因素，这两个因素共同决定论点强度。

以上两种方法的共同点是在一个论点中，个体感受到的预期结果发生的可能性对于论点强度的判断具有重要作用。可通过信息接收者的感知来评价一个说服发生的可能性，进而评价论点强度。因此，信息接收者对论点强度的感知是一个综合判断的结果，主要从信息中所隐含的正面或负面思想、一致性、合理性、重要性、新颖性、自信心以及整体质量来判断（Zhao et al.，2011）。

二、说服者特征

心理学中关于说服者特征的研究，主要集中在信息传递者的专业能力。专业能力是指信息传递者所能够传递真实专业信息的程度；信息传递者的专业能力越强，信息接收者感知到该信息传递者有能力做出正确论断的可能性越大（Petty et al.，1980）。风险产生于对预期结果的不确定性，而信息来源的专业性有助于减少个体对风险的感知，信息来源的专业性越强，则个体所感知到的信息质量也越高，而高质量的信息意味着该信息更及时、相关、准确和完整（Nicolaou et al.，2006）。因此，高质量的信息促进了个体对信息传递者的信任，此时其感知到的风险较低。信息传递者的专业能力会影响个体对信息可信度的感知，进而作用于其对该信息的信任度。

心理学中大量的证据表明，对于复杂的任务，个体本身所具有的才能存在很大差异。然而研究者对于个体能力对绩效的影响尚未达成一致。Hultsch et al.（1990）认为在不同的认知任务中，个体天生的才能对业绩产生的影响作用只有50%左右。Gardner（1995）认为某些人天生具有某一个领域的才能，这类特定的个体一旦选择该领域，其做出的贡献往往要比其他人高很多。Gardner（1995）还认为个体天生具有的才能和后天学习发展所获取的才能之间没有任何差异，不能只关注天生所具有的特定才能，而忽视通过后期学习所获取的才能。但是在预测领域，随着时间和经验的累积，人们预测的准确性会不断提高。可通过实践学习获得才能，表明人们的经验和绩效之间存在正相关关系。大量研究表明，在不同领域，人们的经验或长期的实践知识能够对绩效产生一定的影响（Ackerman，1987）。在证券分析预测领域，分析师经验能够对预测准确性产生重要的影响，但是通过学习获取的才能和经验之间是否存在线性关系或非线性关系，目前未知。以往研究都是假设分析师在执业过程中通过学习获取的预测经验是一成不变的。Jacob et al.（1999）认为，分析师需要具备三种不同的经验：第一种是预测任务要求具备的一些基本技能，这些技能可以通过重复和反馈得以提高；第二种是针对特定公司的预测能力，分析师可通过获取该公司经营状况来培养并不断提高自身的预测能力，随着时间推移，分析师可能与公司管理层建立一定的关系，由这些渠道获取的信息有助于其进行更加及时、准确的预测；第三种是分析师通过历史经验或者对特定公司的预测偏误，不断地纠正当前和未来的预测，过去的经验和实践会对当前的预测起到改善作用。作者通过实证研究检验了预测准确性的影响因素，发现预测时间的长短、分析师跟踪公司的数量和预测准确性之间具有相关性，同时也发现预测频率、分析师所在机构的专业程度、机构规模和预测准确性之间正相关。因此，分析师预测的偏误可能来自两个方面：一方面是环境因素，即分析师所在机构的差异；另一方面是分析师自身专业能力的差异，其中包括分析师经验的差异。然而，Jacob et al.（1996）研究发现，分析师并没有用过去的预测偏误来纠正当前的行为。相比之下，很难计量心理学中所谓通过学习获取的经验，分析师必须理解影响预测准确性的因素，例如明确销售收入增长如何转化为利润增长、消息来源的可靠性等问题，才能提高预测准确性。而分析师预测准确性是分析师所在机构对特定行业的偏好、分析师自身专业能力以及通过实践获取的经验等方面的综合产物。

Bonner et al.（2003）阐述了如何用行为研究中的棱镜模型和实证研究方法研究投资者的行为。其采用实证研究检验了在进行预测修订的时候，分析师的哪些特征会影响投资者。作者研究发现，当分析师修订盈利预测时，资深的投资者能够融合更多的信息来理解分析师盈利预测修订的准确性。该研究有助于全面了解不同类型的投资者对分析师的盈利预测做出反应的差异性。卖方分析师的盈利预测是资本市场中的一个重要的信息源，投资者主要基于卖方分析师的盈利预测做出投资决策（Williams，1996；Hodge，2001）。尽管大量研究表明投资者对分析师盈利预测修订的反应依赖于分析师的预测准确性，但是这些研究都没有对投资者类型进行区分（Stickel，1992；Mikhail et al.，1997；Clement，2003）。

第二节　分析师推荐理由与投资者的投资判断

对经验不足的投资者而言，分析师在传递信息和解释信息方面扮演着重要的角色。分析师是一个重要的信息供给者，其提供的信息主要表现在股票评级、盈利预测以及风险提示，这些内容体现了分析师对相关公司未来盈利潜力和公司股票价格增长潜力的综合判断。分析师在与投资者沟通交流之前，必须撰写有价值的研究报告，投资者通过分析师研究报告进行决策并获取超额回报。因此，分析师研究报告必须能够改变投资者的行为，在分析师声誉建立之前，分析师研究报告中的推荐理由发挥重要作用。

一、分析师推荐理由的重要性

中国证券业协会2012年分别颁布了《发布证券研究报告执业规范》和《证券分析师执业行为准则》（简称《准则》），这两条新规定是关于分析师执业行为的规范，旨在进一步规范证券公司和证券投资咨询机构发布证券研究报告的行为，保护投资者的合法权益。《准则》明确了分析师推荐内容和推荐结论之间的关系，明确规定“证券公司、证券投资咨询机构制作证券研究报告应当秉承专业的态度，采用严谨的研究方法和分析逻辑，基于合理的数据基础和事实依据，审慎提出研究结论”。分析师在发布研究报告的时候，应当坚持客观原则，避免使用夸大、诱导性的标题或者用语，不得对证券估值、投资评级做出任何形式的保证。目前，我国的分析师研究报告的水平良莠不齐，现实中很多分析师研究报告的撰写者的分析水平一般，其研究报告中往往有推荐结论，而没有推荐原因，对买入或卖出的原因以及逻辑关系都不能进行详细的论证和解释（胡奕明等，2006）。此类研究报告往往会误导投资者的决策行为，而精辟的研究报告需要基于大量现实数据和缜密的逻辑思维，才能使投资者信服。

推荐理由是分析师研究报告中的一项重要内容，也是影响投资者的投资判断的一个重要因素。近年来，分析师群体中的“激进者”彻底将分析师的执业水平推到了市场的聚光灯下，投资者因此承受了巨大的损失。分析师诸多荒谬的推荐理由，以及激进的报告行为，促使分析师成为资本市场关注的焦点。2011 年，有分析师在研究报告中声称 600 克沉香涪陵榨菜的零售价为 2 200 元，一时成为市场的笑谈；而有的分析师在研究报告中认为东阿阿胶每千克零售价 5 000 元不再是梦；更有分析师为“攀钢钒钛”提出了最低的目标价格为 188 元/股，但研究报告发布后的首个交易日，“攀钢钒钛”的收盘价仅为 12 元/股。市场中类似的研究报告频频发出，不断地拨弄市场的神经。

因此，分析师的职业操守明确要求其根据自己掌握的信息，为投资者提供关于公司价值的独立判断，但是各种错综复杂的利益机制或来自各方的压力扭曲了分析师的行为，促使分析师在做出独立判断时会迎合市场的偏好。特别是在资本市场中，个别分析师热衷于炒作各种题材概念，缺乏对上市公司价值的真实研究，这些分析师成为股市噪声的推波助澜者（张化侨，2010）。

二、分析师推荐理由与投资价值

詹姆斯·J. 瓦伦丁（2012）认为，分析师在发布研究报告之前，只有做了高质量的调查研究，并精心地传达丰富的内容信息，才能更好地与投资者交流关于股票的观点，从而得到投资者的认可，并获得相应的声誉。关于分析师研究报告的内容：首先应该透彻深入，确保研究的深度，关键是所传递信息能够影响投资者对股票价值的判断；其次信息内容要有理有据，能够向投资者提供详细充分的细节，让投资者了解分析师对影响股价的核心因素和推荐理由所做出的合理假设，进而规避投资风险；最后分析师推荐理由应该具有一定的充分性，能够全面客观地指出买入或卖出评级的合理性，使推荐理由能够说服投资者，并改变投资者的行为，即使是分析师乐观或悲观的情绪也应该体现在分析师研究报告中。胡奕明等（2005）通过调查研究发现，我国的很多分析师在发布研究报告时，缺乏向投资者提供关于推荐结论的详细分析过程以及推荐原因。

对信息有选择地披露一般迫使个体在支持的信息和不支持的信息之间做出选择。因此，如果分析师能够向投资者提供深入、全面、客观的推荐理由，对推荐评级的支持观点和反对观点做出充分解释，则分析师和投资者之间的沟通也会变得畅通。研究报告的核心价值是能够提高投资者投资判断的准确性。分析师发布研究报告，不仅受到个人主观因素的影响，还会受到各种利益、压力和环境因素的影响。影响分析师的主观因素主要是行业内部的排名、晋升、收入等，这些因素都会驱动分析师并影响其客观地发布研究报告。环境因素对分析师的影响体现在行业内的压力、限制，如果分析师发布的研究报告和同行业的其他报告偏差太大，则会被边缘化。因此来自同行业的压力会影响分析师的行为；此外，分析师还要面对所在机构和客户的压力。分析师的判断偏误是在不同动机的驱使下得出的，因此，分析师研究报告是分析师在考虑自身利益、所在机构利益和外部环境驱动因素等之后的一个权衡结果。

分析师通过推荐理由向外传递信息，这些信息对券商和投资者而言，都是具有价值的。张烨等（2009）以港股为例，研究发现分析师的推荐评级报告具有一定的投资价值，分析师调高或调低股票评级，都会对市场产生一定的影响，所以建议投资者应该密切关注分析师对推荐评级的修订和更新。Francis et al.（1997）研究发现，在分析师研究报告中体现出正面信息时，投资者对分析师研究报告中推荐理由的依赖程度较高。Hirst et al.（1995）采用实验研究检验了论点强度、报告来源和推荐结论三个因素对投资者决策行为的影响，发现只有分析师研究报告的推荐结论体现出负面性时，分析师的论点才会对投资者的投资判断产生影响，此时投资者对其论点强度的依赖性反而更高，此观点与 Michaely et al.（1999）的研究结论一致。此外，当分析师与代理公司存在一定利益关系时，投资者对有关系的分析师的推荐买入评级做出的反应较小，主要原因是投资者无法充分相信并利用缺乏独立性的分析师研究报告进行决策。因此，推荐理由对投资者的投资判断的影响在一定程度上依赖于信息的特性。

三、分析师推荐理由与投资者的投资判断

分析师在与投资者沟通交流之前，必须撰写有价值的研究报告，投资者通过分析师研究报告进行投资判断并获得超额回报。因此，分析师研究报告必须能够改变投资者的行为，在分析师声誉建立之前，分析师研究报告中的推荐理由发挥重要的作用。

在说服理论研究中，论点强度的影响因素包括传递信息的主题和听众（Petty et al.，1986a）。在说服理论研究中，关于论点强度的效用，研究者得出了相对一致的结论，即与强度较弱的论点相比，强度较强的论点更容易改变人们的态度和信念（Johnson et al.，1989；Wood et al.，2003）。通过信息接收者对信息的感知和反应来研究论点强度，是一种间接的

方法，其主要关注信息接收者对说服信息做出的反应，因此研究的焦点是信息接收者对说服信息的论点强度的感知和反应。

在沟通交流中，个体感知到的论点强度在说服理论研究中是一个重要的概念。个体感知到的论点强度是指信息接收者对所传递信息的质量、强度和说服力在信念上的一种感知。Morley（1987）认为，可用说服信息所传递的论点强度来解释说服效用，说服过程可以被看作信息接收者的认知活动（cognitive operations）在发挥作用，一个论点的说服性依赖于信息接收者对该信息所感知到的合理性、重要性、新颖性。信息接收者在这三个方面主观上的感知对其信念的转变是很重要的。因此，个体投资者对分析师推荐理由做出的反应，依赖于分析师推荐理由中所传递的信息强度。与强度较弱的论点信息相比，强度较强的论点信息会改变投资者的决策行为和对未来发展的预期。

另一种研究论点强度的方法主要采用效用导向模式，该类研究主要从预期价值的视角来研究论点强度。该理论认为，一个结果在信念上的可接受性，取决于信息接收者在主观上认为相关事件发生的可能性和对结果的期望（Areni et al，1988，Johnson et al.，2004；Van Enschot et al.，2003）。对信息接收者而言，其对结果的主观可能性估计和预期是一个论点能否被接受的两个主要影响因素，这两个因素共同决定论点强度。因此，在推荐买入的前提下，当推荐信息的论点强度较强时，个体感知到的预测结果发生的可能性较高；在推荐信息的论点强度较弱时，个体感知到的预测结果发生的可能性则较低。

本书在研究中操控分析师推荐理由这个因素而控制分析师研究报告中的其他因素。在推荐买入的前提下，为了能够改变投资者的决策行为，分析师研究报告中的推荐理由常以结论为导向（conclusion-oriented），即分析师直接给出分析研究的结论，开门见山地通过结论来传递某只股票的信息。推荐理由的论点强弱主要体现在以结论为导向的原则下，分析师能否为推荐信息提供充分的数据支撑、数据来源，以及分析师做出预测的合理性、真实性或重要性。因此，在推荐理由的充分性较强时，研究报告为投资者提供了推荐买入的理由，以及买入的驱动因素，详细地为投资者提供了买入该股票的原因，进而保证分析师和投资者之间有一个高质量的信息交流情境；反之，在推荐理由的充分性较弱时，研究报告仅仅向投资者直接给出了研究结论，并未对这些研究结论做进一步的解释和说明。

根据以上的分析论述，我们预期，在推荐买入的前提下，在分析师推荐理由充分时，投资者对被推荐公司未来发展前景的预期会更高，具体到本书的研究中，投资者对该公司股票价格上涨潜力和投资吸引力的评价会更高；反之，在分析师推荐理由不充分的情况下，个体投资者对该公司未来发展前景的预期会较低，对该公司股价上涨潜力和投资吸引力的评价也会较低。本书将推荐理由的充分性较强（论点强度较强）简称为"推荐理由较强”；将推荐理由的充分性较弱（论点强度较弱）简称为“推荐理由较弱”。因此，提出如下假设。

假设 H1a：与分析师推荐理由较弱相比，当分析师推荐理由较强时，个体投资者对分析师所推荐公司股票价格上涨潜力的评价更高。

假设 H1b：与分析师推荐理由较弱相比，当分析师推荐理由较强时，个体投资者对分析师所推荐公司投资吸引力的评价更高。

第三节　分析师声誉与投资者的投资判断

一、声誉价值及其重要性

声誉效应在市场经济中存在“自我筛选效应”和“自我加强效应”。“自我筛选效应”是指市场会不断淘汰声誉和信用备受质疑的行业或个体；“自我加强效应”是指企业或个体可以通过声誉的提升带来正面效应。在资本市场中，由于存在信息不完全和信息不对称现象，监管机构无法观察到分析师的所有经营行为，难以控制分析师的道德风险。而良好的声誉机制可以有效地保证证券行业的“自我监督”和“双向监督”行为，因此，证券行业应该建立健全分析师的声誉管理机制，充分发挥声誉在传递信号、促进行业自律方面的作用，以降低行业风险，发挥证券行业在资本市场中作为信息供给专家的效用。

根据社会网络理论，社会网络中参与者的声誉是形成稳定的社会网络的黏合剂。由声誉所构成的社会网络可以节省交易成本，而违背声誉的参与者会失去维系稳定的社会网络的基础。经济学中博弈论对声誉的界定是，声誉是博弈双方长期动态重复博弈的结果。王宇熹等（2012）认为分析师良好声誉的形成是其与投资者双方重复博弈的结果，分析师需要与投资者之间进行多次重复交往和博弈，在未来投资者会对分析师的短期机会主义行为进行惩罚。因此，从职业生涯角度和长远收益两个角度来考虑，分析师的行为选择是维护和珍惜自己的声誉。Ekmekci（2010）提出一个核心的信息传递机制来使声誉具有持续性影响作用，即通过评级机制来解决声誉价值的持续性问题。在重复博弈中，该评级机制负责收集博弈参与者的历史结果，并处理这些信息，将处理后的信息告知博弈的参与者，从而使良好的声誉具有持续性。而 Melnik et al.（2002）利用经验数据检验了卖方声誉对购买方网络购买意愿的影响，声誉对网络上销售物品的价格具有正面的影响且在统计学上显著，该研究证实了具有良好声誉的个体能够改变购买方的行为，并且给自身带来良好的溢价效应。

Kreps et al.（1982）构建了一个声誉模型，在该模型中引入了信息不对称机制，探讨在不完全信息重复博弈中，不同经济主体之间合作的可信度问题，发现在重复博弈模型中，各方追求长期利益的最大化，如果某一方出现不合作的行为，另一方则会对该不合作行为进行惩罚。因此，在长期交易中，一方为了给另一方留下良好的印象，会约束自身的短视行为，谋求长远的合作。Kandori（1992）则进一步拓展了Kreps et al.（1982）的研究，认为在现实中很多交易并非是重复博弈的结果，对不合作者的惩罚可能并不需要另一方主体的参与，如果存在一种信息传递机制能够及时准确地将交易主体的行为传递给其他相关成员，同样能够对不合作者进行惩罚，同样能够促使合作者继续保持诚实的声誉。因此，外在的声誉惩罚机制同样可以约束不合作者的行为，而并非都需要参与主体自身来进行惩罚或激励。总之，在以往的研究中，研究者都将经济主体的声誉作为一种重复博弈的结果，声誉是不同经济主体为了获取长远利益而形成的一种有效的约束机制和激励机制，而不同主体形成的声誉都会对其行为策略选择产生重要的影响。

声誉对金融中介机构的影响逐渐成为金融研究者关注的主要问题。Leland et al.（1977）、Campbell et al.（1980）认为金融中介机构在金融市场中扮演了信息生产者的角色。Wijkander（1992）认为咨询机构、证券承销商等市场中介机构承担着信息认证者的角色。这些机构并不直接生产信息，但是这些机构能够保证信息源，能够可靠地传递信息，进而提高市场中信息的配置效率。总之，中介机构的声誉是其本身在市场中存在的根本，金融中介机构的声誉越高，该机构就越能更好地维持自身声誉，并遵守行业的规章制度，同时向市场传递更高质量的信息。

我国证券公司仍然处于起步阶段，专业化的证券服务仍有较大的发展空间。张华东（2010）认为证券公司缺乏专业的人才群体和专业的业务经验，与之相比国际大投行都拥有许多杰出的投资专家，这正是其成功的关键。随着中国证券市场参与者的不断成熟，机构投资者的涌现和大众投资热情的觉醒，中国证券市场的开放程度将进一步提高，证券公司竞争的本质回归专业化服务，只有通过不断创新和培养专业人才，才能不断拓展业务的广度和深度，为市场提供高层次和高技术含量的服务。

二、声誉的信号传递功能

投资者期望资本市场能够有效运转，市场能够正确地反映证券价格，从而引导投资资金的流向。而信息不对称与资本市场的有效运转是互相违背的。声誉较高的分析师能够获得更多的升迁机会和丰厚的薪酬，提高分析师与投资者之间讨价还价的能力，而缺乏声誉则会降低分析师在资本市场中的竞争优势。理性的、掌握信息的投资者需要获知有关证券的信息。以往大量的实证研究表明，特定的人群无法保证能够对相同的信息做出一致的反应。这主要是由于投资者具有不同的先验信息，尽管投资者可能是理性的投资主体，但不同的投资者对相同的信息可能会做出不同的解释。

Beaver(1989)针对足球比赛结果预测进行研究,发现集体比单个预测者对足球比赛结果的预测更加准确,但是该研究并不意味着在证券市场中也如此。Fama(1970)认为从整体上来讲,市场中的参与者当利用了所有可以获取的信息时,就足够产生有效的决策。相比其他市场参与者,分析师和机构投资者可能更擅长估计证券价格。在投资者听取了分析师的建议之后,证券的市场价格会正确反映所有相关的信息。但是,以上研究都假设个体投资者的决策是相互独立的,因此个体决策差异对股票价格的影响会相互抵消。而在现实中,证券市场中投资者之间存在相互作用,会使证券价格呈现出一些有意义的特征。

实际上,市场并非无偿获取信息,财经新闻、经济环境的变化以及财务分析和经纪人的建议等,都会不断地使投资者修订自己的主观预期,进而影响其决策行为。而Beaver(1989)认为,市场中投资者之间也会相互影响,正如足球比赛结果预测者在一起预测时会形成集体意见,这些预测结果可能是集体的决策,如果体现在股票价格上也会误导股票价格,而团体中具有代表性或有说服力的成员的意见会影响市场中其他参与者的决策。当资本市场中的投资者意识到证券市场并非是一个"公平的游戏场所"时,会降低投资意愿或者从市场中撤出,导致即使是高质量的上市公司其证券价格也不会上涨,资本市场也无法正常运转。

声誉价值是一种无形资产,投资者在做出投资判断之前,无法对分析师的声誉价值做出评估。但是,投资者可以根据分析师的声誉排名或者分析师所在机构的声誉排名来对分析师进行评价,这种排名具有信号传递功能,分析师或者分析师所在机构的排名越靠前,其发布的信息质量可能就越高。投资者在现实中可能无意识地根据这些声誉排名来做出投资判断,本书主要关注分析师声誉对投资者投资判断的影响,检验分析师声誉和券商声誉能否作为投资者进行投资决策时参考的依据。李东方等(2009)认为分析师作为市场中的专业人士,在信息渠道和专业分析能力方面具有很大的优势,能够准确地开展预测,从而使投资者对分析师产生依赖和信任的情绪,尤其是当分析师是明星分析师时,投资者的这种依赖情绪会更强。

三、分析师声誉与投资者投资判断

分析师声誉是传递个体内在特质的一种信号,是对分析师先前交易行为的一种记录和概括。投资者可以根据分析师的声誉记录来判断分析师的专业水平和职业操守。声誉较高的分析师能够获得投资者的信任,因此声誉对分析师的"认证作用"就有重要意义。王宇熹等(2012)认为声誉指荣誉、名声,也有信誉的含义,声誉可以约束分析师和券商的潜在利益冲突行为。对分析师而言,良好的声誉往往可以提高其在资本市场中的可信度和投资者信任度。发布未来导向的盈利预测可为需要建立全面、准确预测声誉的分析师和证券公司提供一个机遇。

从声誉价值的持续性角度考虑,良好的声誉能够给个体或者企业带来持续的价值效应,并且能够改变博弈双方中另一方的行为。李东方等(2009)的研究证实了分析师是资本市场中的专业人士,在信息渠道和专业分析能力方面具有很大的优势,能够准确地预测市场走向,因此投资者会对分析师产生依赖和信任的情绪,尤其是当分析师是明星分析师的时候,投资者对其的依赖性会更强。在现实中,声誉作为一种激励和制度,尽管没有显性的激励机制来奖励分析师,但是声誉机制可以减小分析师发布研究报告时出现道德问题的风险,确保分析师在信息生产方面提高可信度。因此,声誉价值的持续性说明,具有良好声誉的个体在获得一定的声誉之后,其声誉价值能够持续影响投资者的决策行为。

Doby et al.(1995)认为,个体声誉就是公众对个体性格的综合评价,因此可以根据相关特征进行个体声誉的客观评价。而 Tsui(1984)认为,对个体声誉进行评价具有主观性,声誉是评价者基于对个体的印象和期望做出的一种判断。但是赫比格(Herbig)等研究者对个体声誉提出了一个更加综合的评价,他们认为个体声誉本质上是个性特征和历史表现的综合(Herbig et al.,1994; Raub et al.,1990)。因此,对于具有良好声誉的分析师,评价者对其未来的表现和个人的协调性会形成一个良好的预期,可以强化分析师和投资者之间的关系,增进分析师的可信度和利益持有者的信心,最大限度地提高分析师的竞争力。明星分析师是影响投资者价值取向的引导者,明星分析师的推荐也成为反映投资者关注热点和资金流向的重要风向标。具有明星称号的分析师在市场中形成了较高的知名度,对市场中缺乏经验的投资者更容易产生影响,投资者对明星分析师的依赖程度更高。

分析师必须具有较高的专业素质和职业修养,分析师在执业过程中的客观性、专业性和前瞻性是其成为优秀分析师的必备要素。与非明星分析师相比,明星分析师在专业能力方面更容易获得广大投资者的信赖,明星口碑在市场上也会被广泛传播,进而对市场和相关利益主体造成重大的影响。心理学研究中关于说服者特征的研究,主要集中在信息传递者的专业能力方面。专业能力是指信息传递者能够传递正确专业信息的程度。信息传递者的专业能力越强,信息接收者感知到的该信息传递者有能力做出正确论断的可能性越大(Petty et al., 1980)。风险源于预期结果的不确定性,提高信息源的专业性有助于减少个体对风险的感知。信息源的专业性越强,个体感知到的信息质量也就越高,而高质量的信息意味着该信息更及时、更相关、更准确、更完整(Nicolaou et al.,2006)。

因此,具有明星称号的分析师可以减少投资者对预期风险的感知,而降低风险预期可以为人们的沟通交流提供一个重要的论点基础;当投资者信任分析师之后,投资者接收到的信息的不确定性降低，进而感知到的风险降低，对股价上涨潜力预期和投资吸引力升高。同样，当投资者感知到信息传递者提供的信息质量较差时，其感知到的风险增大。总之，与声誉一般的分析师相比，明星分析师能够提供更高质量的信息，即信息更加相关、准确和完整。信息质量可以作为信任建立的一个重要指标诸多研究（Hirst et al.,1999；Bonner et al.,2003；Clement et al.，2003）发现，投资者对管理层或分析师的盈利预测做出的反应依赖于管理层或分析师之前预测的准确性或与当前预测的准确性相关的因素。因此，我们假设投资者对明星分析师（声誉较高）做出的反应会更大。

假设 H2a：与声誉一般的分析师相比，当分析师的声誉较高时，个体投资者对分析师所推荐公司股票的价格上涨潜力的评价较高。

假设 H2b：与声誉一般的分析师相比，当分析师的声誉较高时，个体投资者对分析师所推荐公司的投资吸引力的评价较高。

第四节 分析师的推荐理由、声誉对投资者投资判断的共同影响

研究说服理论的研究者（Cialdini，1984）强调，人与人之间的关系和相互影响的主要原则之一是强调权威性，即人们会听从可信的专家。而在实践中，我们经常使用一些简单而具有启发性的经验原则，如“相信专家”或“长信息更可信”（Chaiken et al.，1994）。将该原则推广至本研究，即声誉较高的分析师更具有说服力。社会心理学家发现，说服主要由四个部分组成：传达者（说服者）、信息内容、沟通渠道、听众（信息接收者）。换句话说，就是谁用什么方法将什么信息传递给了谁。因此，不仅传达者对说服具有一定的影响，其说了什么也同样非常重要。说服理论中的传达者和信息内容分别对应分析师和分析师推荐理由，二者共同影响投资者的决策。研究说服理论的研究者（Petty et al.，1986b；Pornpitakpan，2004）认为，传达者的声誉或可信度会影响人们对其信息做出的反应。

在资本市场中，分析师推荐理由和声誉在信息的可接受性方面扮演着重要的角色，分析师作为一个信息传递的媒介，往往需要更加专业化的水平，以便在不同领域提供更加专业化的分析和评价，从而成为一个被信任的信息提供者。Cox（1967）研究发现，听众倾向从权威的非个体信息源或有经验的个体信息源寻找可信赖的信息，作为降低风险的一种机制。Petty et al.（1981a，1981b）的研究表明，当信息内容质量较好，即推荐信息的论点强度较高，并且信息传递者的声誉较高时，个体被说服的可能性较大。

说服包括了陈述论据和事实、推理和得出结论，过程是为了促使信息接收者相信这些信息，并且说服者的目的是改变信息接收者的行为。Kelman et al.（1953）通过学习理论来

解释说服过程，其认为传递信息的论据较充分会促使个体相信，个体接受该信息后形成的立场也会因为论据充分而得到强化，而充分的论据必须是详细的论述，可以解释为什么信息传递者所倡导的观点是正确的。因此，具有较强有效性、强度和吸引力论据的信息，要比那些不合乎情理或者不符合逻辑的信息更具说服力(Petty et al., 1984a)。可以说，好的论据越多，越容易激发接受者对信息的赞同，进而改变其行为。在说服情境中，论点的形成是为个体所声称的某一个论断提供合理或支持性的观点，以确定该论点的有效性并传递信息的过程(Boller et al., 1990)。对分析师推荐理由强弱的判断主要依赖于推荐理由是否存在合理的数据支持、可靠的数据来源，以及提出论点的依据。而信息来源的权威性是影响说服的一个重要因素，来源于权威的信息比来源于非权威的信息更具有说服力。当信息来源于这一领域的著名个体时，被说服者可能会产生该信息源更可信的直觉，更容易接受该信息的论点，并相应地改变自身的行为或态度。总之，在信息源自权威或著名的个体，并且在信息的论点强度较强的情况下，个体更容易被说服，进而赞同该信息并做出积极的认知反应。

根据说服理论的相关观点，具体到本书的研究中，在分析师的声誉较高时，该分析师可能会被公认为是值得信任的个体。当发布推荐信息的分析师是明星分析师时，投资者被说服的可能性更大。如果分析师推荐理由的论点强度较高，且有充分根据时，个体投资者更容易被该推荐理由影响。因此可以预见，在推荐买入的前提下，与论点强度较弱的推荐理由相比，推荐理由较强时，个体投资者对相关股票的股价上涨潜力和未来投资吸引力的评价也更高。所以，本书提出如下假设。

假设 H3a：当分析师的声誉较高时，与较弱的分析师推荐理由相比，分析师推荐理由较强时，个体投资者对分析师所推荐公司股价上涨潜力的评价较高。

假设 H3b：当分析师的声誉较高时，与较弱的分析师推荐理由相比，分析师推荐理由较强时，个体投资者对分析师所推荐公司投资吸引力的评价较高。

根据 Petty et al.(1981b, 1984b, 1986a)的研究可以发现，信息源的权威性会对说服产生重要影响。当信息来自一个权威的渠道时，说服通过中心途径(central route)促使人们更加关注信息的内容，如果论点强度较强且令人信服，人们往往会被说服。如果信息源的声誉比较低且该信息来自一个非权威的渠道时，个体对信息者的依赖程度会比较低，会更加关注信息提供者的声誉，而不是该信息的论点强度。因此，当信息提供者的声誉比较低时，个体往往对该信息提供者提供的信息存在抵触和质疑态度，缺乏信任。在此种情况下，个体被说服的可能性就较小，也较少关注该信息提供者提供的信息内容。经验规则告诉我们，即使个体对信息内容很关注，其往往也倾向于使用直觉上的线索，即个体往往更相信声誉或权威性，而忽视对信息内容的系统分析，导致信息的质量被一些直觉线索影响。因此，在其他信息相同的情况下，直觉上的经验规则更容易影响人们的决策行为，这种直觉上的线索可能会阻碍个体对信息内容进行深入分析和论证。总之，当个体质疑信息提供者的可靠性时，其可能带着更多质疑和否定思想去评估该信息的论点，从而导致个体做出更多消极的认知反应（Hass，1981）。

分析师研究报告中的推荐理由是分析师说服投资者时的一个重要影响因素，而分析师本身的声誉也会对投资者产生重大影响。分析师研究报告中的推荐理由和声誉共同影响投资者的投资判断。当分析师的声誉不同时，推荐理由对投资者决策的影响也会有所不同。在分析师声誉一般的情况下，投资者对分析师缺乏信任，并可能对其专业能力产生怀疑。

分析师声誉这种直觉上的线索会阻碍投资者去关注分析师推荐理由内容的质量，即分析师推荐理由所传递信息效果可能会受到直觉上线索的影响，因为经验告诉个体投资者，对于来自声誉一般主体的信息，其可靠性、准确性或质量都值得怀疑。根据这种简单的经验原则，投资者可能会带着疑虑或者不信任去评价分析师的推荐理由，从而导致分析师推荐理由对投资者判断的影响要小于分析师声誉。

因此，当分析师声誉一般时，无论分析师推荐理由如何，投资者被分析师说服的可能性较小，从而造成分析师推荐理由对投资者投资判断的影响程度较低。所以，具体到本书的研究背景（分析师推荐买入），当分析师的声誉一般时，投资者对分析师推荐理由的强弱之别不会区别对待。在分析师声誉一般时，分析师推荐理由对投资者的投资判断不会产生影响，分析师推荐理由的强弱对投资者评价股价上涨潜力和评价投资吸引力时的影响无显著差异。因此，本书提出如下假设。

假设 H4a：当分析师的声誉一般时，分析师推荐理由的强与弱对投资者评价分析师所推荐公司的股价上涨潜力时的影响无显著差异。

假设 H4b：当分析师的声誉一般时，分析师推荐理由的强与弱对投资者评价分析师所推荐公司的投资吸引力时的影响无显著差异。

第五节 投资者投资判断过程中的中介作用分析

一、个体投资者认知过程的一般研究

分析师是资本市场中的一类专业人士，其为投资者提供的信息具有潜在的有用性。在不确定性条件下，由于缺乏客观概率，分析师只能对公司的未来业绩做出不完全的主观估计，这种估计会产生偏差。理论上讲，准确的估计不存在。但误差过大的估计往往使投资者产生损失和失望。因此，分析师只有不断提高所提供信息的有用程度，才能满足投资

者对信息的需求,有助于投资者做出更好的决策。投资者要从众多的信息源(如演讲、公告、报纸和统计报告)获取信息,进而不断地修正预期,而分析师研究报告是投资者的一个重要信息源。但是,个体接收信息并不断地修正预期不但是一个连续的过程,也是一个复杂的过程。

本书借助实验研究的优势,重在考察投资者投资判断的过程。实验研究的相对优势是可以了解投资者的决策过程,而其他研究方法无法获知投资者做出最终决策前的中间决策过程(张继勋,2008;董奇,2004;温忠麟等,2005)。尽管档案研究可以通过股票回报来研究投资者的决策行为,但是很难获得投资者决策过程中的证据。本书通过实验研究可以弥补档案研究的不足,丰富档案研究的结果。

本书重点关注投资者决策过程的两个方面:第一,投资者在面对具有不同声誉的分析师时,如何做出反应,进而改变其决策行为,即当分析师声誉较高且分析师推荐买入的前提下,投资者对其信任度是否较高,进而对所推荐公司的投资吸引力、未来盈利潜力和股价上涨潜力的评价是否也较高;第二,聚焦于分析师推荐信息的充分性,即当分析师推荐理由较强时,其推荐信息是否具有更强的说服性,进而影响投资者对所推荐公司的未来发展形成一个良好的预期。具体来讲是当分析推荐理由较强时,投资者是否对所推荐公司的未来盈利潜力和股价上涨潜力的评价较高,进而认为该公司具有更高的投资吸引力。

二、投资者对分析师信任度评价的中介作用

截至2013年6月,根据中国证券业协会的统计数据,中国共有114家证券公司。随着我国经济的不断发展,中国证券公司的规模也逐步扩大,但是受近年来股票市场低迷的影响,证券公司以及分析师的发展也面临着巨大的困境,尤其是证券公司的违规行为频频出现,破坏了市场的正常秩序,侵害了投资者的利益,市场相关利益主体也对分析师的信任度产生了普遍的质疑。分析师是否值得投资者信任,是一个重要的问题。

分析师有动机说服投资者,并取得投资者的信任。在投资情境中,信任是一个重要的影响因素,可以降低交易成本,简化决策过程。研究者有时将可信度的计量和报告偏误联系在一起,即个体面对不确定的信息时,往往对来源可信的信息赋予较高的权重(Birnbaum et al., 1979)。而O'Keefe(1990)认为,报告存在偏误的信息提供者很可能被认为具有较低的可信度。

信息源可信性(source credibility)理论认为个体对信息有用性的评价主要依赖对信息来源专业能力和可信赖度的感知(Kelman et al., 1953)。在早期的研究中,Hovland et al.(1951)研究发现,高可信来源的信息更容易改变个体的态度。高可信来源的信息更具有说

服力，更容易说服个体（Petty et al.，1998；Pornpitakpan，2004）。Mills et al.（1967）的研究也强调了信息来源的可信度对说服的作用。

Kelman et al.（1953）认为信息源的可信度高低是指该信息源能否提供准确和真实的信息。如果信息提供者是一位专家，该来源的信息会被个体认为是可信的（Rhine et al.，1970）或者是值得信赖的（Mills et al.，1967）。专家往往使个体产生一种“专家是正确的”的偏误（Petty et al.，1981a）。对于说服理论而言，信息源的可信度是一个重要因素。Petty et al.（1998）的研究发现高可信来源的信息比低可信来源的信息更具有说服力。也有研究者发现信息源的可信度会影响个体对信息有用性的感知（Kaufman et al.，1999；Fragale et al.，2004）。因此，当分析师的声誉较高时，投资者对其来源的信息的有用程度的评价会较高；分析师声誉较低时，投资者认为其信息的有用性会较低。

判断个体是否值得信任时主要考虑三个因素：能力、客观性和可信度。而 Gilbert et al.（1998）认为对信息有用性的评价主要有两个要素，即个体感知到的信息来源所具有的专业能力和可信度。专业能力是指个体在某特定的范围或特定的领域内具有的技能、知识或能力（《美国传统语词典》*American Heritage Dictionary*）。因此，投资者对分析师的可信度和专业能力的感知中介了其投资判断。本书将投资者对分析师可信度和专业能力的评价汇总成一个变量，称为“信任度”，并以此作为投资者对分析师水平的感知。具有良好声誉的分析师，其声誉会发生信任溢价效应，并改变投资者的决策行为。本书预期当信息源的可信度较高时，投资者对分析师的信任度较高，如图 3.1 所示。

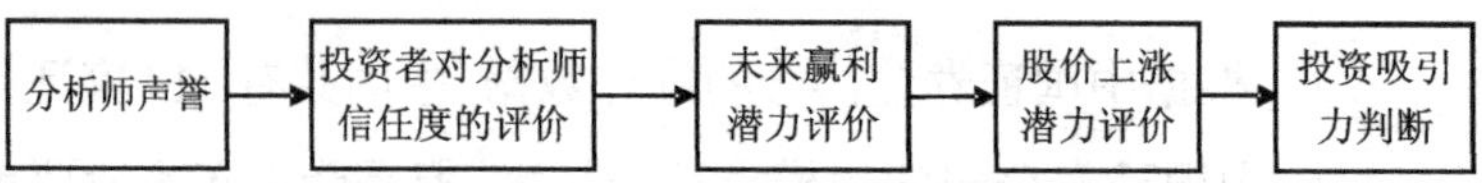

图 3.1 对分析师信任度评价的中介模型

股票收益的波动性较大，投资者对股票投资的关注要点是希望从中获得稳定的投资收益或现金流。因此，股票投资的吸引力在于能够从中获得预期的红利和实现股价上涨。本书不考虑红利所得，在保持其他影响因素不变的情况下，股票投资的吸引力体现在投资者对未来股价上涨的预期。尽管影响股票价格的因素很多，但是有研究者通过实证研究发现，伴随着公司收入的增加、盈利能力的增强，公司股价也相应地上升，股价的长期上涨趋势体现了公司收入的实际增长。同时，对于众多股票估值方法，沃伦·巴菲特、彼得·林奇、本杰明·格拉汉姆等投资人均推崇基本面分析方法。基本面分析方法强调上市公司现在和未来的经营和财务业绩决定着股票的内在价值。因此，根据以上的分析，可以发现投资者对公司未来盈利潜力的预期是影响其判断股票价格的一个重要影响因素，而股价上涨潜力是投资者判断该股票是否具有投资吸引力的核心驱动因素之一。

基于对分析师信任度的评价及对相关理论的分析,可以得出投资者对公司的未来盈利潜力、股价上涨潜力和投资吸引力的评价受分析师信任度的影响。因此,根据以上理论分析,本书提出了如下假设。

假设 H5:投资者对分析师信任度的评价中介了分析师声誉对未来盈利潜力评价的影响;投资者对未来盈利潜力的评价中介了分析师信任度对股价上涨潜力评价的影响;个体投资者对股价上涨潜力的评价中介了未来盈利潜力对投资吸引力的影响。

第四章　实验设计

实验研究的最大优势是检验因果关系。长期以来,实验研究高效的内部效度被研究者广泛认可和推崇,但是实验研究的外部效度却是常有争论的一个热点话题。根据 Campbell(1957), Campbell et al.(1963)以及 Trotman(1996)等研究的观点,现实中很多因素会威胁实验研究的内部效度。Campbell et al.(1963)认为,排除实验中组间差异的有效方法是随机化。随机分配是一种控制技术,能够保证每个被试被随机地分配到不同的实验条件组,并且机会相等。根据对前测和后测进行实验设计,可控制相关因素对实验的影响,从而确定不同实验组的差异是由于自变量的影响。实验研究中的外部效度问题,也就是人们常常所说的"一般化"问题,是指一个实验结果能否被应用到不同的情境或总体中,即实验结果如何突破具体实验狭窄的限定。史密斯等(2005)认为,一个实验是能够"一般化"主要是看实验结果是否能够适应于新的群体(总体一般化)、新的情境(情境一般化)、新的时期(时间一般化)。但是 Mook(1983)指出,并不是所有的心理学研究都会去"朝拜"外部效度的神殿,而具有内部效度是对实验研究最基本的要求,否则实验研究无法得出结论。

本书第四章主要包括三个方面的内容:首先详细介绍相关实验研究的总体设计和被试选择;其次介绍实验任务与实验过程;最后是相关实验研究的自变量和因变量及测量。

第一节　实验设计及被试选择

一、实验设计

精巧的实验设计是实现研究目标的基础和前提条件;恰当的实验设计是提高研究效度,特别是内部效度的基本保证。实验设计的主要目的是回答问题或检验研究假设。实验研究是由一系列相互关联的环节构成的,而实验设计是实验研究的一个关键环节。实验研究的假设一旦确立,研究者就需要对整个实验进行总体规划。实验设计应该详细介绍研究者如何选择被试,如何有效地将被试分配到不同的实验条件组,采用何种技术控制变量,以及如何收集数据。这些任务中的任何一项如果存在偏差,都会导致实验设计不能令人信服,进而无法回答研究者提出的研究问题。因此,实验设计的最终目标是建立变量之间的因果关系,进行有效的实验,并在其中操控自变量,严格控制各种额外变量,观察因变量的变化。该过程正是实验设计所要达到的具体目标。

本书采用 2×2 被试间设计。被试间设计又称为非重复测量设计。当研究的因素为刺激或任务变量时,实验中的被试只能参加一个实验条件组实验,主要是为了避免练习或疲劳等遗留效应或顺序效应影响实验结果。但是,使用试间设计时,被试的个体差异所带来的无关差异并不能从误差差异中分离(舒华, 1994),实验设计的敏感性因此降低,所需的被试数目也较多。本书研究的两个实验因素分别为分析师推荐理由和分析师声誉。分析师推荐理由包括较强和较弱两个水平;分析师声誉包括较高和一般两个水平。同时,本书中实验研究的背景参数在所有水平上均保持一致,便于更好地检验实验研究的因果关系。

额外变量只有经过研究者在实验设计的过程中进行严格控制,才可以用于确定自变量和因变量之间的因果关系。为了避免其他个体因素或环境因素对投资者的投资判断产生影响,本书采用随机化分组,所有被试在同一地点和同一时间进行实验,所有被试都使用一致的评分量表,并检验被试性别、年龄、经验等个体特征因素对实验结果的干扰。此外,本研究做了进一步的随机化检查,以确保各影响因素不对实验结果造成影响,有效地保证了实验结果的内部效度。

二、实验被试

被试的数量和类型在实验设计中均是研究者需要慎重考虑的问题。被试的选择范围可能是比较宽泛的,在选择被试类型的时候,最主要的是根据研究问题的本质来进行选择。在实践中往往根据两个因素来选择被试:首先是借鉴前人研究中已经取得的成功经验,以及曾经使用过的被试类型,这样可以大大节约时间,避免花费大量时间来检验被试选择的恰当性,提高实验研究的成功概率;其次是被试选择的可得性。例如,在心理学研究中,通常以大学生作为研究群体,其容易获得并且能够保证被试的数量,可得性较好。但是可得性较好并不能保证研究者选择的被试是最恰当的。

根据问题研究的需要和实验研究的需求,本书选择我国某大学商学院的工商管理硕士(MBA)学生作为被试,作为资本市场中的非职业投资者的替代(张继勋等, 2011)。正如 Libby et al.(2002)所言,职业投资者比较稀缺,只有研究的被试必须为职业投资者的时候才会选择。使用 MBA 学生作为资本市场中的非职业投资者的替代,主要有两个原因。首先, Elliott et al.(2007)认为实验信息的整体复杂性比较低时,只要对财务会计等概念具有较好的理解能力、具备基本的财务知识的个体均可以作为被试。其次, Barton et al.(2005)研究发现职业分析师和商学院研究生做出的反应没有本质上的差异。因此,MBA 学生可以作为非职业投资者的合适替代,并且在国外的相关实验研究中大多数研究也选择 MBA 学生作为非职业投资者的替代。参加本次实验研究的被试共计 120 人,扣除没有通过操控检验的 9 人,共纳入有效的被试 111 人。被试的平均年龄为 30.07 岁,平均参加工作时间为 5.93

年。111 名被试中,有 76.58% 已经或计划投资股票,每名被试学习财务会计相关课程的数量平均为 3.65 门。总之,本书选择的被试能够承担本次实验研究的任务。

第二节 实验任务和过程

一、实验任务

实验的本质是要求被试完成某个实验任务,研究者需要使用指导语来向被试交代有关实验过程和实验任务的细节,以便使被试有所准备。在实验指导语中,应避免使用模棱两可的语言或难于理解的专业术语,应尽可能让被试信服地回答研究者提出的问题,核心是实验任务的逻辑应具有合理性。

本书实验研究的目的是检验在分析师推荐买入的前提下,分析师的推荐理由和声誉对投资者投资判断的影响。在实验任务的初始,必须构造出一个实验背景,即在案例材料中介绍一家公司且其股票值得投资者持有。在案例材料中,该公司名为 ABC,主营业务为软件开发、通信和信息技术(IT)服务,公司所属的行业目前竞争加剧,整个行业的业绩有小幅下降,但是该公司近两年业绩持续稳定增长,各项财务指标相对稳定且小幅上涨。给被试提供这些基本信息,目的是为被试提供一个常见的并符合现实情况的公司背景信息。随着信息化技术的普及,本书选择 IT 行业的企业作为研究对象,原因是人们对 IT 行业相对熟悉,可以避免因为人们对某个行业的不了解或不熟悉而导致的对行业前景的错误估计和判断。同时,给被试提供有关 ABC 公司所处行业竞争程度和公司财务业绩的信息,目的是给被试创造一个进行投资判断的基本场景。为了避免公司基本信息对实验操控信息产生影响,在操控实验信息之后向被试询问"假设您是 ABC 公司的潜在投资者,您认为该公司未来的投资吸引力如何?"。投资者对此问题的回答,体现了基本信息对投资者决策的影响,将此作为协变量保证了本书研究结果是由于实验操控信息的变化所引起的。

本书操控的自变量是证券分析师的推荐理由和声誉。在分析师推荐买入的前提下,检验分析师推荐理由存在差异时,投资者的反应是否存在差别;研究分析师声誉不同时,分析师推荐理由如何影响投资者的投资判断。

二、实验过程

本书实验是在一次 MBA 课程中进行的,研究者将实验材料以随机化的方式发放给被试。实验过程主要分为以下两个阶段。

第一阶段,由实验负责人向被试宣读实验的基本要求。例如,要求被试独立完成实验任务,不能相互讨论;按照案例材料的顺序认真阅读实验材料并填写调查表,不能漏填;填写时须留意实验材料中的相关注意事项。被试填写的答案没有正确和错误之分,要求被试根据实验材料和个人的感受来填写,已经填写的答案不能更正。同时,告知被试将扮演 ABC 公司的潜在投资者。

第二阶段,向被试发放实验材料。实验材料的发放包括以下三部分。首先,向被试提供案例相关的背景信息,该案例来自一家真实存在的上市公司(ABC 公司),其背景信息在所有实验水平上保持一致。背景信息包括 ABC 公司的基本状况、近两年的主要财务数据,以及所属行业的信息。提供以上基本信息是为了尽可能地模拟现实中分析师研究报告中的内容。其次,在分析师的投资建议为推荐买入 ABC 公司股票的前提下,被试会看到关于分析师推荐理由和分析师声誉的信息(实验操控信息),要求被试根据实验操控信息做出关于 ABC 公司未来盈利潜力、股价上涨潜力和投资吸引力的判断,以及投资者对分析师信任度、专业能力以及提供信息有用程度的评价。最后,需要被试填写简短的统计调查问卷,待填写完成后将问卷收回。整个实验过程约为 30 min。

第三节　实验中的自变量与因变量

实验研究是对现实中可能存在的因果关系进行验证的过程。实验研究包括三个基本相关因素:自变量、因变量和额外变量。自变量是实验研究的核心,是研究者根据研究问题直接操控的因素。因变量是被测(或被试)根据自变量的信息,产生的一种反应或行为。额外变量是会对因变量产生影响的因素,是需要用专业技术或方法加以控制的变量。当额外变量存在时,研究者往往无法确定因变量的效应是由自变量变化引起的,还是由额外变量的变化引起的。因此,必须有效地控制实验研究中的额外变量,并同时恰当地操控自变量,才能有效地得到研究的因果关系。

一、自变量

本实验研究包括两个自变量:一是分析师推荐理由,具体分为推荐理由较强和较弱两个水平;二是分析师声誉,具体分为分析师声誉较高和较低两个水平。

(一)分析师推荐理由

中国证券业协会于 2012 年颁布了《发布证券研究报告执业规范》和《证券分析师执业行为准则》。二者是关于分析师执业行为的规范,旨在进一步规范证券公司和证券投资咨询机构发布证券研究报告的行为,保护投资者的合法权益。关于分析师推荐内容和推荐结论之间的关系,以及报告发布前的质量控制机制,中国证券业协会发布的《发布证券研究报告执业规范》(中证协发〔2021〕138 号)分别在第十一条、十二条和十六条等条例中做出了明确的规定和要求。其中,第十一条明确规定“证券公司、证券投资咨询机构制作证券研究报告应当秉承专业的态度，采用严谨的研究方法和分析逻辑，基于合理的数据基础和事实依据，审慎提出研究结论；证券公司、证券投资咨询机制作证券研究报告，应当坚持客观原则，避免使用夸大、诱导性的标题或者用语，不得对证券估值、投资评级作出任何形式的保证”。目前，我国的分析师研究报告的水平良莠不齐，现实中很多分析师研究报告的撰写者的水平不高，往往只提供推荐结论，而不提供推荐原因，对买入或卖出的原因以及逻辑关系未能进行详细的论证和解释（胡奕明等，2006）。此类研究报告往往会误导投资者的决策行为，而精辟的研究报告需要以大量现实数据和缜密的逻辑思维为基础，以使投资者信服。

为了反映目前的现实状况，并尽可能地保持与现实的一致性。本书对分析师推荐理由的充分性进行了相应的操控，在分析师推荐理由较强的情况下，我们告知被试分析师 R 根据 ABC 公司的近期状况，发布了最新的研究报告；基于 ABC 公司较好的业绩增长前景，分析师 R 给予该公司“买入”的评级。具体推荐理由如下。

1. 收入同比增长，经营成本下降，盈利能力提升。主要原因是通信行业市场有好转迹象，ABC 公司的营业收入较上年同期增长 17%。由于采购资金占用金额较大，ABC 公司制定了科学合理的采购成本管理制度，直接减少了存储、保险、维护管理等方面的多项额外支出，因而当期的采购成本降低了 23.67%。

2. 管理费用、财务费用大幅减少，营业利润上涨。ABC 公司的营业利润大幅上涨 59.44%，主要原因是公司制定了完善的费用监控制度，促使公司管理费用大幅下降。同时，由于资金周转压力降低，公司的短期借款大幅减少，导致公司的财务费用也同比下降。

3. 公司在信息安全领域的业务不断稳定增长。ABC 公司是信息安全系统领域的龙头企业，在信息安全模式方面具备明显的技术优势，主要面向军方和大型国企提供信息安全软件产品和服务，该业务的增长前景比较稳定。

4.ABC 公司所属集团公司承诺的“资产注入”依然值得期待。该集团在 ABC 公司上市之初，曾承诺向公司定期注入资产。目前，尚待注入的资产价值高达 4 900 万元，如果注资成功，ABC 公司产能价值将大幅增长到 9 000 万元以上。

因此，在推荐理由的充分性较强的水平下，分析师不仅告知被试推荐结论，同时针对推荐原因进行了详细的论证和说明，并给出了相应的数据基础和事实依据。

在分析师推荐理由的充分性较弱的情况下，我们告知被试分析师 R 根据 ABC 公司近期的状况，发布了最新的研究报告；基于 ABC 公司较好的业绩增长前景，分析师 R 给予该公司“买入”的评级。具体推荐理由如下。

1. 收入同比增长，经营成本下降，盈利能力增强。

2. 管理费用、财务费用大幅减少，致使营业利润上涨。

3. 在信息安全领域的业务不断稳定增长。

4. 所属集团公司承诺的“资产注入”依然值得期待。

在推荐理由的充分性较弱的水平下，分析师在推荐原因中只是简单地罗列了推荐买入的原因，并未对推荐买入的根据和事实进行详细深入的佐证和分析，也没有任何数据的支撑。

（二）分析师声誉

根据博弈论观点，分析师需要与投资者之间进行多次交往和博弈；而且在未来，投资者会对分析师的短期机会主义行为进行惩罚。因此，本实验研究从分析师的职业生涯和长远收益两个角度来开展，并认为分析师的行为决策是基于维护和珍惜自身声誉的。券商和分析师的声誉价值是通过相关权威机构根据系列评选指标来确定的。美国根据《机构投资者》杂志评选出的“全美明星分析师”来界定分析师声誉；我国根据《新财富》杂志每年评选出的“明星分析师”来界定分析师声誉。

目前，对分析师声誉的确定存在多种计量方法。本书综合考虑了目前的相关研究现状，从多个角度综合地对分析师声誉进行操控。在分析师声誉较高的实验组，我们告知被试“为您提供以上研究报告的分析师R，在2012年被《新财富》评为明星分析师。在过去的一年中，分析师R能够深入分析和跟踪行业，及时地揭示投资机会和风险，预测的准确性高。在所属领域中，分析师R的声誉较高”。在证券分析师声誉较低的实验组，我们告知被试“为您提供以上报告的分析师R，在过去一年中基本上能够系统地分析和跟踪行业，在揭示投资风险和机会的时间上相对滞后，预测的准确性一般。在所属领域中，分析师R的声誉较低”。

二、因变量

本书实验研究的因变量主要涉及以下两个方面。

第一，投资者对投资潜力的判断。其具体包括投资者对未来盈利潜力的判断（Hodge, 2001; Kelly et al., 2012），对未来股价增长潜力的判断（Hirst et al., 1995）和对未来投资吸引力的判断。在本书的实验设计中，我们分别向被试询问“假设您是ABC公司潜在的投资者，您认为该公司的盈利潜力如何?”“假设您是ABC公司的潜在投资者，您认为该公司股价上涨的潜力如何?”“假设您是ABC公司的潜在投资者，您认为该公司的投资吸引力如何?”请被试在“11点量表”中进行选择，“0”表示非常低，“10”表示非常高。

第二，中介效应分析。中介效应是一种间接效应，在心理学研究中，变量之间的关系很少是“直接影响”，更多的情况下是“间接影响”；许多心理变量往往通过中介变量对因变量产生影响，而个体的认知评价通常就成为这因果链中的中介变量（温忠麟等，2005）。在研究中，中介变量的提出通常需要理论依据或者是经验支持。本书考察的中介变量的影响主要是投资者对分析师信任度的评价中介了分析师声誉对投资者投资判断的影响，该影响具体包括投资者对分析师可信度、专业能力的感知。根据分析师的执业实践，借鉴 Jegadeesh et al.（2004）和 Kelly et al.（2012）的研究结果，本书将投资者对分析师信任度的评价设计为两个层面，即对分析师的可信度和对专业能力的评价。然后，通过问卷的方式调查投资者对分析师信任度的感知，取投资者对分析师的可信度和专业能力的评价指标的均值作为投资者对分析师信任度的替代变量。综上，本书在分别对与信任度相关的两个中介变量进行检验的同时，又将这两个中介变量构造成一个中介变量，即“投资者对分析师信任度的感知”。

在投资情境中，信任是一个重要的影响因素，其可以降低交易成本，简化决策过程。在判断个体是否值得信任时，主要考虑三个因素：能力、客观性和可信赖度。因此，投资者对分析师的可信度和专业能力的感知，中介了投资者对相关企业投资潜力的判断。具体来说，本书在评价投资者对分析师的可信度和专业能力的感知时，是通过两个问题来进行测量的。对于可信度的测量，我们通过提问“在本案例中，您认为分析师的可信度如何？”。对于专业能力的测量，我们通过提问“在本案例中，您认为分析师的专业能力如何？”。我们要求被试根据自己真实的判断在“11 点量表”中做出选择。

第五章　分析师的推荐理由、声誉对投资者投资判断影响的实验结果

本章通过对实验数据进行分析，检验分析师推荐理由、声誉对投资者的投资判断的影响。本章主要包括以下四个部分：第一节为随机化检查和操控检验，具体包括被试的个体特征检查以及操控检验；第二节为分析师推荐理由对投资者的投资判断影响的实验结果；第三节为分析师声誉对投资者的投资判断影响的实验结果；第四节为分析师推荐理由与声誉对投资者的投资判断共同影响的实验结果；第五节为中介作用分析，主要检验投资者在信念上对分析师的感知是否中介了分析师声誉对投资判断的影响；第六节为附加分析，主要检验投资者的初始判断以及投资者自身所具有的特征对投资判断的影响，主要目的是排除相关干扰因素对实验结果造成的影响。

第一节　随机化检查和操控检验结果

一、被试分析

控制干扰因素对主实验的影响，是实验设计中的一项重要任务。被试固有的或永久性的特征都会对实验结果造成一定的影响，如年龄、被试对分析师研究报告的熟悉程度、投资经验等额外变量都会潜在地影响实验结果。因此，为了控制这些额外变量对因变量的影响，提高实验研究的因果关系分析效果，本节对被试的基本情况进行深入的分析。

(一)被试年龄、工作年限

根据表 5.1 中的统计结果，参加本实验研究的被试的平均年龄为 30.07 岁，最小为 26 岁，最大为 44 岁。总体而言，参加本实验的被试比较年轻。表 5.2 中的统计结果表明，被试的工作年限最长的为 22 年，最短的为 3 年，平均为 5.93 年。该结果说明被试具有一定的工作经验。被试工作年限的标准差为 4.45 年，该值相对较大，说明被试工作年限在组内存在较大的离散度，集中趋势较差，需要进一步用统计学方法检验被试工作年限这个变量是否会影响实验结果。

表 5.1　被试年龄的描述性统计结果

参数	样本量	最小值(岁)	最大值(岁)	平均值(岁)	标准差(岁)
年龄	111	26	44	30.07	3.884

表 5.2　被试工作年限的描述性统计结果

参数	样本量	最小值(年)	最大值(年)	平均值(年)	标准差(年)
工作时间	111	3	22	5.93	4.45

(二)被试的投资计划

选择被试是实验研究的一个重要内容。本书主要考察影响投资者投资判断的两个因素,即证券分析师的推荐理由和声誉。因此,研究选择的被试必须具备一定的投资知识,并对证券市场中股票的运作规律有一定的了解和关注,否则无法对相关的问题做出恰当的选择和判断。因此,被试是否具有投资经验或是否有投资计划是本书确认被试是否合适、恰当的重要指标。

如表 5.3 所示,被试已经投资和计划投资股票的比例为 76.58%,提示被试对股市相关的信息比较关注,能够承担本次的实验任务。

表 5.3　被试投资股票的描述性统计结果

已经或计划投资股票	样本量	人数	占比
是	111	85	76.58%
否		26	23.42%

(三)被试所学的会计和财务课程的数量

被试是否具有丰富的财务或会计方面的知识是判断其能否成为个体投资者替代者的重要影响因素之一。被试以往所学财务会计方面的知识,可以帮助其更好地进行相应的决策。我们调查了被试所学过的财务或会计方面的课程的数量,结果如表 5.4 所示。结果表明,被试所学的会计或财务方面的课程数量平均为 3.65 门,最大值为 12 门,最小值为 1 门。

表 5.4　被试所学会计和财务课程数量的描述性统计结果

参数	样本量	最小值(门)	最大值(门)	平均值(门)	标准差(门)
课程数量	111	1	12	3.65	1.915

二、随机化检查

在实验研究中,应尽可能地使每个实验组的被试数量相同,即不仅要求各组有一定的对照,还要求每个实验组除了处理因素之外,其他可能对实验结果产生影响的因素也尽可能地一致。因此,必须提高组间的均衡性。本书的实验研究分为 4 个实验组。我们随机地将 4 种实验材料发放给被试。确保随机化分组是实现实验研究内部效度的有效保障。随机化是指在实验研究过程中,使总体中的每一个研究对象或者观察单位都能够以概率均等的原则被随机地分配到不同实验组或对照组,或者能够以同等的机会被抽取作为研究样本的一种措施。在进行实验研究的随机分组和抽样时,随机化原则是研究者必须贯彻执行的重要原则。

在本书的实验研究中,被试的投资经验、工作年限和年龄等个体特征可能会对实验结果产生影响。为了进一步排除这些干扰因素的影响,现实中最常见的方法就是采用随机化分组。在实验开始之前,尽管我们随机地将实验材料发放给被试,但是能否真正实现随机化分组,仍然需要通过统计学方法加以检验。

(一)被试年龄的随机化检验

从表 5.5 中被试年龄的描述性统计结果,可以发现不同实验组中被试的平均年龄非常接近。推荐理由较强且声誉较高组的平均年龄为 29.54 岁,最小为 26 岁,最大为 44 岁;推荐理由较强且声誉较低组的平均年龄为 29.66 岁,最小为 26 岁,最大为 42 岁;推荐理由较弱且声誉较低组的平均年龄为 30.68 岁,最小为 26 岁,最大为 44 岁;推荐理由较弱且声誉较高组的平均年龄为 30.46 岁,最小为 26 岁,最大为 42 岁。同时,根据各组标准差可以发现,推荐理由较弱且声誉较高组的被试年龄的离散程度最大,标准差为 1.034 岁,说明该实验组被试的年龄差异比较大,集中趋势较差;推荐理由较强且声誉较低组的被试年龄标准差值最小,说明该组被试的年龄差异较小。

被试的平均年龄为 30.07 岁,最龄为 44 岁,最小为 26 岁,各实验组年龄分布均匀,差异较小。根据表 5.6 中的单因素方差分析结果,各实验组被试的年龄不存在显著差异(F=0.597, P=0.618),成功地实现了被试的随机分配,被试年龄这个额外变量不会对实验结果产生影响。

表 5.5　各实验组被试年龄的描述性统计结果

级别	样本量	均值(岁)	最小值(岁)	最大值(岁)	标准差(岁)
推荐理由较强,声誉较高	28	29.54	26	40	0.645
推荐理由较强,声誉较低	29	29.66	26	42	0.608
推荐理由较弱,声誉较低	28	30.68	26	44	0.653
推荐理由较弱,声誉较高	26	30.46	26	42	1.034
合计	111	30.07	26	44	0.369

表 5.6 被试年龄的随机化检验结果

	偏差平方和	自由度	均方	F 值	P 值
组间	27.339	3	9.113	0.597	0.618
组内	1 632.085	107	15.253		
总数	1 659.423	110			

(二)被试投资经验的随机化检验

根据表 5.7 中被试投资经验的描述性统计结果,可以发现不同实验组中被试的差别较小。推荐理由较强且声誉较高组的投资经验的平均值为 2.794 6 年,标准差为 3.196 0 年;推荐理由较强且声誉较低组的投资经验的平均值为 2.224 1 年,标准差为 2.362 6 年;推荐理由较弱且声誉较低组的投资经验的平均值为 2.053 6 年,标准差为 1.577 3;推荐理由较弱且声誉较高组的投资经验的平均值为 2.250 0 年,标准差为 1.773 4。可见,推荐理由且声誉较高组被试的投资经验的标准差最大,说明该组的组内离散程度很大,该组被试的投资经验存在较大差异;而推荐理由较弱且声誉较低组被试的组内离散程度最小,组内被试间的差异较小。

根据被试投资经验的描述性统计结果,参加本实验的被试的投资经验平均为 2.331 1 年。总体上来讲,被试具有一定的投资经验,能够完成本次实验任务。被试以往的投资经验会影响实验结果,但是由表 5.8 所示的方差分析结果可知,不同投资经验的被试在各组实现了随机化分配(F=0.535,P=0.659),投资经验这个额外变量不会对实验结果产生影响。

表 5.7 各组被试投资经验的描述性统计结果

组别	样本量	均值(年)	标准差(年)
推荐理由较强, 声誉较高	28	2.794 6	3.196 0
推荐理由较强, 声誉较低	29	2.224 1	2.362 6
推荐理由较弱, 声誉较低	28	2.053 6	1.577 3
推荐理由较弱, 声誉较高	26	2.250 0	1.773 4
合计	111	2.331 1	2.309 2

表 5.8 被试投资经验的随机化检验结果

	偏差平方和	自由度	均方	F 值	P 值
组间	8.676	3	2.892	0.535	0 .659
组内	577.879	107	5.401		
总数	586.555	110			

（三）被试对分析师推荐信息关注度的随机化检验

根据表 5.9 中被试对分析师推荐信息关注度（评分）的描述性统计结果，可以发现各组被试对分析师推荐信息的关注度非常接近。推荐理由较强且声誉较高组的平均关注度为 6.61，最小值为 3，最大值为 10；推荐理由较强且声誉较低组的平均关注度为 6.79，最小值为 4，最大值为 9；推荐理由较弱且声誉较低组的平均关注度为 6.68，最小值为 3，最大值为 9；推荐理由较弱且声誉较高组的平均关注度为 6.65，最小值为 4，最大值为 10。同时，根据各组标准差可以发现，推荐理由较强且声誉较高组被试的推荐信息关注度的离散程度最大，标准差为 1.729，说明该实验组被试在推荐信息关注度方面的差异比较大，集中趋势较差；推荐理由较强且声誉较低组被试的推荐信息关注度的标准差最小，为 1.320，说明该组被试在推荐信息关注度方面的差异较小。所有被试的分析师推荐信息关注度和标准差均值为 1.549。

表 5.9　各组对分析师推荐信息关注度的描述性统计结果

组别	样本量	均值	最小值	最大值	标准差
推荐理由较强，声誉较高	28	6.61	3	10	1.729
推荐理由较强，声誉较低	29	6.79	4	9	1.320
推荐理由较弱，声誉较低	28	6.68	3	9	1.588
推荐理由较弱，声誉较高	26	6.65	4	10	1.623
合计	111	6.68	3	10	1.549

被试对分析师推荐信息的关注度是反映被试对分析师研究报告熟悉程度的一个重要影响因素。为了全面了解被试对分析师推荐信息的关注度，我们向被试询问“在以往的投资决策中，您对分析师推荐报告的关注度如何？”，要求被试在“11 点量表”中做出选择，“0”表示一点也不关注，“10”表示非常关注。如表 5.9 所示，被试对分析师推荐信息的关注度的平均值为 6.68，最大值为 10，最小值为 3。根据表 5.10 中的方差统计结果，可以发现各组被试对分析师推荐信息的关注度的差异不显著（F=0. 072，P=0.975）。因此，认为分析师推荐信息关注度这个额外变量不会对实验结果造成影响。

表 5.10　被试对分析师推荐信息的关注度的随机化检验结果

	偏差平方和	自由度	均方	F 值	P 值
组间	0.535	3	0.178	0 .072	0.975
组内	263.429	107	2.462		
总数	263.964	110			

（四）被试所学财务和会计课程数量的随机化检验

如果投资者拥有一定的财务和会计方面的知识，在一定程度上其可以更好地了解企业财务状况和经营成果，并有效地为其投资决策提供依据。因此，为了了解被试是否具有财务会计方面的专业知识，我们向被试询问"您曾经学过多少门财务、会计课程?"。如表 5.11 所示，被试平均学习了 3.65 门财务、会计方面的课程，最大值为 12，最小值为 1。表 5.12 所示的单因素方差分析结果显示，各组被试所学财务、会计课程数量不存在显著差异（F=0.684，P=0.564）。上述结果表明，各组被试先前的财务会计知识这个额外变量不会对实验结果产生影响，可以有效地保证实验结果的内部效度。

表 5.11　各组被试所学财务、会计课程数量的描述性统计结果

组别	样本量	均值（门）	最小值（门）	最大值（门）	标准差（门）
推荐理由较强，声誉较高	28	3.36	1	8	1.529
推荐理由较强，声誉较低	29	3.45	1	7	1.454
推荐理由较弱，声誉较低	28	3.82	2	12	2.278
推荐理由较弱，声誉较高	26	4.00	2	12	2.263
合计	111	3.65	1	12	1.915

表 5.12　被试所学财务、会计课程数量的随机化检验结果

	偏差平方和	自由度	均方	F 值	P 值
组间	7.589	3	2.530	0.684	0.564
组内	395.708	107	3.698		
总数	403.297	110			

（五）被试对分析师推荐信息依赖度的随机化检验

根据表 5.13 中被试对分析师推荐信息依赖程度的描述性统计结果，可以发现各组被试对分析师推荐信息的依赖度非常接近，各组间的差异很小。推荐理由较强且声誉较高组的平均值为 5.68，最小值为 3，最大值为 8；推荐理由较强且声誉较低组的平均值为 5. 97，最小值为 2，最大值为 8；推荐理由较弱且声誉较低组的平均值为 5.18，最小值为 1，最大值为 8；推荐理由较弱且声誉较高组的平均值为 5.88，最小值为 2，最大值为 9。同时，根据标准差结果，可以发现在推荐理由较强且声誉较高的一组，组内的被试对信息依赖度的离散程度最小，标准差为 1.335，说明该实验组被试对推荐信息依赖度的差异较小，集中趋势较高；推荐理由较弱且声誉较低组被试对住处依赖度的离散程度最大，标准差为 1.786，说明在该组被试对分析师推荐信息的依赖度的差异较大，但是该值和推荐理由较弱且声誉较低组的依赖标准差的差别很小。所有被试对分析师推荐信息依赖度的标准差均值为 1.647。

表 5.13　各组被试对分析师推荐信息依赖度的描述性统计结果

组别	样本量	均值	标准差	最小值	最大值
推荐理由较强，声誉较高	28	5.68	1.335	3	8
推荐理由较强，声誉较值	29	5.97	1.636	2	8
推荐理由较弱，声誉均值	28	5.18	1.786	1	8
推荐理由较弱，声誉较高	26	5.88	1.774	2	9
合计	111	5.68	1.647	1	9

大量研究表明，投资者对分析师推荐信息具有较强的依赖性。在本书的研究中，我们向被试询问其对分析师推荐信息的依赖度，要求被试在“11 点量表”中做出选择，“10”表示依赖程度最高，“0”表示依赖程度最低。见表 5.13，111 名被试对分析师推荐信息的依赖度的均值为 5.68，各实验组中依赖度最高的是推荐理由较强和声誉较低组，均值为 5.97；而依赖度较低的一组是推荐理由较弱且声誉较低组，均值为 5.18。见表 5.14，各组被试对分析师推荐信息的依赖度不存在显著差异（F=1.300，P=0.278）。该结果表明，各组被试对证券分析师推荐信息的依赖度不存在差异，本研究成功地实现了随机化分组，被试对证券分析师推荐信息依赖度这个额外变量不会对实验结果造成影响。

表 5.14　被试对分析师推荐信息依赖度的随机化检验结果

	偏差平方和	自由度	均方	F 值	P 值
组间	10.491	3	3.497	1.300	0.278
组内	287.834	107	2.690		
总数	298.324	110			

此外，为了深入了解被试对分析师推荐信息的依赖度，我们做了进一步的单样本 t 检验，结果见表 5.15。结果显示，所有被试对证券分析师推荐信息的依赖度的均值为 5.68，高于中位数 5，表明被试对分析师推荐信息的依赖度较高，被试对分析师推荐信息的依赖度的差异存在显著性（t=4.323，P=0.000）。该检验结果表明，投资者对分析师推荐信息有较大的依赖性。

表 5.15　被试对分析师推荐信息依赖度的单样本 t 检验结果

<table>
<tr><th rowspan="3">变量</th><th colspan="6">检验值 = 5</th></tr>
<tr><th rowspan="2">t 值</th><th rowspan="2">自由度</th><th rowspan="2">显著性（双尾）</th><th rowspan="2">均值差值</th><th colspan="2">差分的 95% 置信区间</th></tr>
<tr><th>下限</th><th>上限</th></tr>
<tr><td>依赖度</td><td>4.323</td><td>110</td><td>0.000</td><td>0.676</td><td>0.37</td><td>0.99</td></tr>
</table>

（六）被试工作年限的随机化检验

表 5.16 的描述性统计结果表明，被试的工作年限存在较大差异。为了排除被试工作年限对实验结果的影响，我们对其做了方差分析。结果表明推荐理由较强且声誉较高组的平均值为 5.655 4 年，最大值为 21 年；推荐理由较强且声誉组的平均值为 5.300 0 年，最大值为 22 年；推荐理由较弱且声誉组的平均值为 6.100 0 年，最大值为 22 年；推荐理由较弱且声誉较高组的平均值为 6.730 8 年，最大值为 21 年。根据标准差的结果，推荐理由较弱且声誉较高组工作年限的标准差最大，说明该组内被试在工作年限上的差异较大，一致性较低。

表 5.16 各组被试工作年限的描述性统计结果

组别	样本量	均值（年）	最大值（年）	最小值（年）	标准差（年）
推荐理由较强，声誉较高	28	5.655 4	21	3	4.021 3
推荐理由较强，声誉一般	29	5.300 0	22	3	3.638 5
推荐理由较弱，声誉一般	28	6.100 0	22	3	3.827 1
推荐理由较弱，声誉较高	26	6.730 8	21	3	6.148 6
合计	111	5.926 6	22	3	4.450 7

我们对被试的工作年限做了进一步的方差分析。如表 5.17 所示，各实验组在工作年限方面的差异不存在显著性（F=0.516，P=0.672），说明在工作年限方面实现了随机化分配，被试工作年限这个额外变量不会对实验结果产生影响。

表 5.17 被试工作年限的随机化检验结果

	偏差平方和	自由度	均方	F 值	P 值
组间	31.102	3	10.367	0.516	0.672
组内	2 147.872	107	20.074		
总数	2 178.974	110			

（七）被试对自身投资知识的评价

尽管本书在实验设计时，采用了随机化分组，但是被试自身的特征，如对自身投资知识的评价仍然可能影响实验结果。对此，我们也进行了随机化检验，向被试询问“请您对自身的投资知识做出评价”，“0”表示非常少，“10”表示非常多。见表 5.18，被试对自身投资知识评价的均值为 4.68。如表 5.19 所示，各被试在对自身投资知识的评价方面的差异不存在显著性（P=0.904）。表明各组被试对自身投资知识的评价的差异不会对实验结果产生影响。但是，整体而言，被试认为自身的投资知识较少，在“11 点量表”中，被试对自身投资知识的评价均值为 4.68 与中位数（5）之间存在显著差异（P=0.039），结果见表 5.20。该结果与本书被试所模拟的个体投资者的实际状况比较符合，个体投资者的投资知识水平相对较低，在实际的决策过程中对分析师推荐理由及分析师声誉的依赖度较高。

表 5.18　被试对自身投资知识评价的描述性统计结果

实验小组	样本量	均	最小值	最大值	标准差
推荐理由较强，声誉较高	28	4.64	1	9	1.704
推荐理由较强，声誉较低	29	4.83	2	8	1.774
推荐理由较弱，声誉较低	28	4.71	1	7	1.630
推荐理由较弱，声誉较高	26	4.50	1	8	1.476
合计	111	4.68	1	9	1.636

表 5.19　被试对自身投资知识评价的随机检验结果

	偏差平方和	自由度	均方	*F* 值	显著性
组间	1.544	3	0.515	0.188	0.904
组内	292.781	107	2.736		
总数	294.324	110			

表 5.20　被试自身投资知识评价的单样本 *t* 检验结果

变量	检验值 = 5					
	t 值	自由度	显著性（双尾）	均值差值	差值 95% 置信区间	
					下限	上限
投资知识	-2.089	110	0.039	-0.324	-0.63	-0.02

三、操控检验

操控检验的目的是评价实验设计者对变量的操控是否对被试产生了预期的影响。如果没有操控检验，在因变量未出现预期的反应时，研究者无法区分是由于操控变量未能对研究被试产生影响，还是由于操控有效但是自变量不能对因变量产生影响。明确辨别这两者的关系，对研究者而言具有重要的意义。前者表明操控失败需要更合适或更恰当的操控变量来重复原来的实验；后者则表明尽管操控成功，但是结果不能证实理论的假设，即自变量和因变量之间不存在理论上的因果关系。

因此，为了检验不同条件下的被试在实验过程中是否感受到了分析师推荐理由和分析师声誉对其投资判断的影响，本书设计了相关的研究问题，让被试通过“11 点量表”进行回答，根据被试的回答，检验被试是否真正理解实验操控的自变量。

（一）分析师声誉的操控检验

首先检验各组的被试是否感知到了各组在分析师声誉高低方面的差异，我们要求被试在“11 点量表”中评价“在本案例中,您认为分析师的声誉如何?”,“0”表示很低,“10”表示很高。在 120 名参加实验研究的候选被试中,有 115 名正确地回答了这个问题,有 5 名被试未通过操控检验,说明这些被试在阅读实验材料的时候,不能够明确地区分实验对分析师声誉的操控,对分析师声誉这一变量的回答正确率为 95.83%,在之后的实验结果分析中我们移除了这些被试。根据表 5.21 中结果可以发现,分析师声誉较高组的评分均值为 7.33,分析师声誉较低组的评分均值为 3.39,前者显著高于后者(t=14.325, P=0.000),表明成功地实现了对分析师声誉的操控。说明 95.83% 的被试理解了本实验对证券分析师声誉操控的信息,能够保证被试做出的判断与操控信息的内涵在判断逻辑上是一致的。

表 5.21 分析师声誉的操控检验结果

		样本量	均值	标准差	均值的标准误
分析师声誉	较高	54	7.33	1.360	0.185
	较低	57	3.39	1.532	0.203
独立样本 t 检验	假设方差相等		T=14.325	自由度 =109	P=0.000(双尾)
	假设方差不等		T=14.372	自由度 =108.545	P=0.000(双尾)

(二)分析师推荐理由的操控检验

为了检验各组的被试是否感受到了各组在分析师推荐理由的充分性方面的差异,我们要求被试在 11 点量表中评价“在本案例中,您认为分析师所提供推荐理由的充分性如何”,“0”表示一点也不充分,“10”表示非常充分。在 115 名参加实验研究的候选被试中,有 111 名被试正确地回答了这个问题,有 4 名被试未通过操控检验,说明这些被试在阅读实验材料的时候,未能明确区分本实验对分析师推荐理由的操控,对分析师推荐理由这一变量的回答正确率为 96.67%,在之后的实验结果分析中移除了这 4 名被试的数据。

表 5.22 分析师推荐理由的操控检验结果

		样本量	均值	标准偏差	均值的标准误
推荐理由	较强	57	6.47	1.416	0.187
	较弱	54	4.17	1.622	0.221
独立样本 t 检验	假设方差相等	T=7.994	自由度 =109	P=0.000(双尾)	
	假设方差不等	T=7.965	自由度 =105.219	P=0.000(双尾)	

表 5.22 中的统计结果显示,推荐理由较强组的均值为 6.47,推荐理由较弱组的均值为 4.17,两者之间的差异显著(t=7.994, P=0.000)。该结果表明,成功地实现了对分析师推荐理

由的操控,即被试能够感知到推荐理由充分性的高低,并做出相应的决策。

对自变量进行的相关操控检验结果显示,被试可以理解相关的操控信息。结果显示,共有 9 名被试未能正确回答问题,这说明这些被试可能阅读信息不够认真,也可能未能正确地理解实验材料。不论是何种原因,为了避免其对实验结果的影响,我们在后续的统计分析中,移除了这 9 名被试,实验研究的有效被试为 111 名。

第二节 分析师推荐理由对投资者投资判断影响的实验结果

研究分析师推荐理由对投资者的投资判断的影响时,采用实证研究相对困难,主要是由于对分析师推荐理由的充分性进行判定时必须对实践中分析师研究报告中的推荐理由进行编码,主观性较强。尽管实证研究可以通过股票回报来评价投资行为,进而研究投资者的投资判断,但是不能获得投资者在做出决策之前的判断依据;而实验研究可以聚焦于投资者的判断,即允许研究者分析投资者为何对分析师研究报告做出不同的反应,以及相关因素之间的相互作用。

研究个体投资者和分析师之间的相互作用时,一个重要的出发点就是要确定两者之间的关系和相互影响的背景特征。因此,必须充分考虑分析师自身的特点、分析师研究报告和个体投资者之间的关系,在推荐买入的前提下,检验分析师推荐理由对投资者投资判断的影响。本节内容主要涉及假设 H1a 和 H1b,用其分别检验了分析师推荐理由的主效应。投资者进行投资决策时,主要涉及 2 个因变量,即个体投资者对股价上涨潜力的评价和投资者对投资吸引力的评价。

一、分析师推荐理由对股价上涨潜力评价的影响

根据前面的理论分析,我们预期分析师推荐理由的充分性对投资者评价股价上涨潜力的影响具有显著性,当分析师推荐理由较强时,投资者对相关公司股价上涨潜力的评价会较高;反之,则较低。为了检验假设 H1a,以分析师推荐理由为自变量,以投资者对股价上涨潜力的评价作为因变量,进行方差分析。

从表 5.23 中的描述性统计结果可以发现,分析师推荐理由较强时,投资者对股价上涨潜力评价分数的均值为 6.02;而分析师推荐理由较弱时,投资者对股价上涨潜力评价分数的均值为 5.44。由表 5.24 中的方差分析结果,可以发现当推荐理由较强时,投资者对股价上涨潜力评价分数的均值显著高于推荐理由较弱时的水平(F=6.825,P=0.010)。因此,在分析师推荐理由较强时,分析师推荐理由的论点强度会影响投资者对相关公司未来股价上涨潜

力的预期，证实了假设 H1a。

表 5.23 分析师推荐理由与声誉对股价上涨潜力评价的描述性统计结果

推荐理由	声誉	均值	标准差	样本量
较弱	较低	5.11	1.100	28
	较高	5.81	1.297	26
	均值	5.44	1.239	54
较强	较低	5.14	0.990	29
	较高	6.93	1.245	28
	均值	6.02	1.433	57
合计	较低	5.12	1.036	57
	较高	6.39	1.379	54
	合计	5.74	1.367	111

表 5.24 分析师推荐理由与声誉对股价上涨潜力评价分数的方差分析结果

来源	Ⅲ型平方和	自由度	均方	*F* 值	*P* 值
校正模型	61.401[a]	3	20.467	15.206	0.000
截距	3 658.180	1	3 658.180	2.718	0.000
推荐理由	9.187	1	9.187	6.825	0.010
声誉	42.986	1	42.986	31.936	0.000
推荐理由 × 声誉	8.231	1	8.231	6.115	0.015
误差	144.022	107	1.346		
总计	3861.000	111			
校正的总计	205.423	110			
a：R^2 = 0.299（调整 R^2= 0.279）					

二、分析师推荐理由对投资吸引力评价的影响

假设 H1b 提出：当分析师推荐理由较强时，投资者对未来投资吸引力的评价会较高；反之，当分析师推荐理由较弱时，投资者对投资吸引力的评价则较低。为了检验研究假设 H1b，我们对其进行了方差分析，以投资者对投资吸引力的评价作为因变量。根据表 5.25 中的描述统计结果，可以发现当分析师推荐理由较强时，评价分数的均值为 6.02，显著高于推荐理由较弱时的均值 5.43。表 5.26 中的方差分析结果表明，分析师推荐理由的主效应显著（F=4.677，P=0.033），对于不同的推荐理由充分性，投资者对投资吸引力的评价存在显著差异。因此，分析师推荐理由是影响投资者评价投资吸引力的一个重要影响因素；投资者能够对分析师推荐理由充分性的强弱做出准确区分；推荐理由较强时，其对投资者的说服性更

强。因此,本书的假设 H1b 得到了证实。

表 5.25　分析师推荐理由与声誉对投资吸引力评价的描述性统计表

推荐理由	声誉	均值	标准差	样本量
较弱	较低	4.79	1.134	28
	较高	6.12	1.275	26
	合计	5.43	1.368	54
较强	较低	4.93	0.842	29
	较高	7.14	1.177	28
	合计	6.02	1.506	57
合计	较低	4.86	0.990	57
	较高	6.65	1.320	54
	合计	5.73	1.464	111

因此,根据以上实验结果可以发现,分析师推荐理由的充分性会影响投资者的决策和判断。投资者能够识别分析师推荐信息的论点强度和充分性,对于论点强度较高的观点,投资者会形成一个良好的预期,减少了对未来不确定性的判断。具体到本书,即分析师推荐由较强时,投资者对未来投资吸引力的评价要显著高于分析师推荐理由较弱时的情况。

表 5.26　分析师推荐理由与声誉对投资吸引力评价的方差分析结果

来源	Ⅲ型平方和	自由度	均方	F值	P值
校正模型	103.233[a]	3	34.411	27.755	0.000
截距	3 656.159	1	3 656.159	2.949×10^3	0.000
推荐理由	9.527	1	9.527	7.684	0.007
声誉	86.873	1	86.873	70.070	0.000
推荐理由 × 声誉	5.390	1	5.390	4.348	0.039
误差	132.659	107	1.240		
总计	3 880.000	111			
校正的总计	235.892	110			
a:R^2=0.438(调整 R^2 =0.422)					

第三节　分析师声誉对投资者投资判断影响的实验结果

本节内容主要涉及假设 H2a 和 H2b,分别检验两个假设中证券分析师声誉的主效应。投资者的投资判断主要涉及 2 个因变量,即投资者对股价上涨潜力的评价和对投资吸引力的评价。分析师声誉在资本市场中具有信号传递的功能，而市场中的投资者往往也依赖分析师声誉做出投资判断。分析师发挥的作用主要是给客户提供专业的咨询服务，而大量的研究发现，个体声誉本质上是个性特征和历史表现的综合，人们会根据个体良好的历史行为表现，对个体的未来形成一个良好预期，并愿意信赖具有良好声誉的个体。

分析师在资本市场中扮演了"专家"的角色，因为分析师具有广泛的社会资源，能够成为市场中满足客户需求的战略顾问。因此，在分析师向投资者推荐买入前提下，我们预期：如果分析师声誉较高，投资者对分析师会形成一个良好的预期，信任度也较高，投资者对所推荐股票的未来盈利潜力的评价、对股价上涨潜力的评价和对投资吸引力的评价亦较高；反之，如果分析师声誉较低，投资者对相关指标的评价则较低。

一、分析师声誉对股价上涨潜力评价的影响

假设 H2a 提出，与声誉较低的分析师相比，当分析师声誉较高时，投资者对其推荐的公司股票的股价上涨潜力的评价会更高。在分析师推荐买入的前提下，当分析师声誉较高时，投资者根据分析师良好的声誉，会根据该分析师推荐的信息形成一个良好的预期，对所推荐公司的未来股价上涨潜力的预期较高；反之则较低。表 5.27 中的统计结果表明，当分析师声誉较高时，投资者对所推荐公司股票的股价上涨潜力的评价也较高，评价分数均值为 6.39，最大值为 9，最小值为 3；当分析师声誉较低时，投资者对所推荐公司股票的股价上涨潜力评价分数均值为 5.12，最大值为 7，最小值为 3。根据表 5.28 中的统计结果，证券分析师声誉对投资者对股价上涨潜力评价的主效应显著（F=30.098，P=0.000），说明分析师声誉对股价上涨潜力的评价产生了显著的影响，假设 H2a 得到了验证。

表 5.27 分析师声誉对股价上涨潜力评价的描述性统计结果

分析师声誉	样本量	均值	标准差	最小值	最大值
较高	54	6.39	1.379	3	9
较低	57	5.12	1.036	3	7
合计	111	5.74	1.367	3	9

表 5.28 分析师声誉对股价上涨潜力评价的方差分析结果

	偏差平方和	自由度	均方	F 值	P 值
组间	44.450	1	44.450	30.098	.000
组内	160.974	109	1.477		
会计	205.423	110			

二、分析师声誉对投资吸引力评价的影响

假设 H2b 提出，与声誉一般的分析师相比，当分析师声誉较高时，投资者对其推荐的公司的投资吸引力的评价会更高。由表 5.29 中的描述性统计结果，可以发现当分析师声誉较高时，投资者对相关公司投资吸引力评价分数的均值为 6.65；当证券分析师声誉较低时，投资者对该公司投资吸引力评价分数的均值为 4.86。由表 5.30 可知，分析师声誉的主效应显著，即分析师声誉较高时，投资者对投资吸引力的评价显著高于声誉较低时（F=65.685，P=0.000）。可见，分析师声誉对投资者对所推荐公司的投资吸引力的评价产生了影响，假设 H2b 得到了验证。

表 5.29　分析师声誉对投资吸引力评价的描述性统计表

分析师声誉	样本量	均值	标准差	最小值	最大值
较高	54	6.65	1.320	3	10
较低	57	4.86	0.990	3	7
合计	111	5.73	1.464	3	10

表 5.30　分析师声誉对投资吸引力评价的方差分析结果

	偏差平方和	自由度	均方	F 值	P 值
组间	88.700	1	88.700	65.685	0.000
组内	147.192	109	1.350		
会计	235.892	110			

上述实验结果表明，在保持其他信息不变的情况下，分析师声誉会在投资者评价上市公司未来盈利潜力、股价上涨潜力和投资吸引力时产生重要影响。该结果与心理学研究的"人们相信专家的观点"及经济学研究的"声誉能够发挥信号传递功能"等结论具有一致性。一方面，个体投资者在进行投资判断时，往往更信任声誉较高的分析师，而对低声誉分析师的观点产生怀疑，这强化了投资者对未来发生不确定性的预期；另一方面，一个能力强且具有良好声誉的分析师的观点会影响资本市场中个体投资者的投资判断，声誉不仅发挥了信息传递功能，也会给自身带来信任的溢价效应。

第四节　分析师的推荐理由与声誉对投资者投资判断共同影响的实验结果

根据本书第三章的理论分析，我们预期分析师推荐理由对个体投资者投资判断的影响

依赖于分析师声誉，即当证券分析师声誉较高时，分析师推荐理由对个体投资者投资判断的影响较大，而当证券分析师声誉一般时，分析师推荐理由对个体投资者投资判断不会产生影响。

在心理学研究中，大量的研究已经证实信息内容和信息来源会影响个体的决策。本书进一步丰富了该领域的研究，检验分析师作为资本市场中一个重要的信息源，如何影响个体投资者的决策行为，即分析师推荐理由和声誉如何共同影响个体投资者的投资判断。信息源的专业性在一定程度上也指人们感知该信息源并做出正确论断的能力（Pornpitakpan，2004）。本书的实验研究聚焦于检验信息源的专业性和信息内容的有效性。本书与 Petty et al.（1981a）的研究具有一致性，当信息内容的质量较高，即分析师推荐理由较强且声誉较高时，个体被说服的可能性较大。因此，在推荐买入的前提下，本书假设投资者对相关公司股价上涨潜力和未来投资吸引力的评价也更高。

一、分析师声誉对分析师推荐理由的调节作用与其对股价上涨潜力评价的影响

分析师研究报告中的推荐理由和分析师声誉共同影响投资者的投资判断。分析师的声誉不同时，推荐理由对投资者决策行为的影响也会有所不同。在分析师声誉比较低时，投资者对分析师缺乏信任，并可能对分析师的专业能力产生怀疑，无论分析师的推荐理由如何，投资者被说服的可能性较小，从而造成分析师推荐理由对投资者投资判断的影响也较低。根据 Petty et al.（1981b，1986a）的研究结果，信息源的专业性会对说服产生重要影响。当信息来源于一个权威的渠道时，说服通过中心途径（central route）促使人们更加关注信息的内容，如果论点较强且令人信服，人们往往会被说服。在说服情境中，增强论点强度是指说服者对某一个论断提出合理或支持性观点的过程，目的是提高该论点的说服性并有效性地传递相关信息（Boller et al.，1990）。投资者对分析师推荐理由充分性的判断主要依赖于分析师是否提供了合理的数据支持、数据来源以及提出论点的依据。若信息来自一个非权威的渠道，个体对信息源的依赖程度会比较低，因此个体会更加关注信息源的声誉，而不是其发布信息论点的强度。

在分析师推荐买入的前提下，本书假设分析师推荐理由与声誉共同影响投资者对所推荐公司未来股价上涨潜力的评价。假设 H3a 提出，当分析师声誉较高时，投资者对股价上涨潜力的评价依赖于分析师推荐理由的充分性；假设 H4a 提出，当分析师声誉较低时，投资者对股价上涨潜力的评价仅依赖于分析师声誉，即此时推荐理由充分性的高低，对个体投资者投资判断的影响没有显著差异。为了进一步检验假设 H3a 和假设 H4a，根据方差分析的结果，我们做了进一步的简单效应分析。

从图 5.1 中可以发现，当分析师声誉较高且推荐理由较强时，投资者对公司股价上涨潜

力评价的均值最高为 6.93；在推荐理由较弱的情况下，投资者对股价上涨潜力评价的均值为 5.81。但是，在分析师声誉较低的情况下，分析师推荐理由的充分性对投资者投资判断的影响较小，即分析师声誉一般时，推荐理由较强对应的均值为 5.14，推荐理由较弱对应的均值为 5.11，二者的差异较小。表 5.24 中的方差分析结果显示，分析师推荐理由与分析师声誉共同影响了投资者的投资判断（F=6.115，P=0.015。）

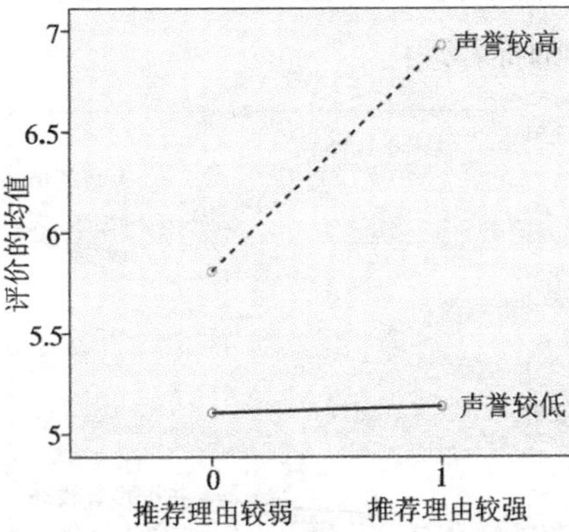

图 5.1　分析师推荐理由与声誉对股价上涨潜力评价的影响

表 5.31　分析师推荐理由对股价上涨潜力评价影响的简单主效应检验结果

	偏差平方和	自由度	均方	F 值	P 值
声誉较低	0.00	1	0.00	0.00	0.978
声誉较高	18.41	1	18.41	10.63	0.001

简单效应（simple effect）分析是指在进行方差分析时，如果不同因素之间存在交互作用，则需要进一步地分析这些因素之间的关系。例如，有两个因素 A 和 B 且二者间存在交互作用，A 因素有 A_1 和 A_2 两个水平，B 因素有 B_1 和 B_2 两个水平，需要进一步考察 A_1 在 B_1 上的效应，A_2 在 B_1 上的效应，A_1 在 B_2 及 A_2 在 B_2 上的效应。因此，为了进一步检验分析师推荐理由的简单主效应，我们进一步做了简单主效应分析。从表 5.31 中的统计结果可以发现，在分析师声誉较高的水平下，与分析师推荐理由较弱时相比，分析师推荐理由较强时投资者评价股价上涨潜力的均值更高（F=10.63，P=0.001），假设 H3a 得到了验证；在分析师声誉较低的水平下，分析师推荐理由的充分性对股价上涨潜力的评价没有显著影响（F=0.00，P=0.978），假设 H4a 得到了验证。因此，分析师推荐理由对投资者对股价上涨潜力评价的影响依赖于分析师声誉。

二、分析师声誉对分析师推荐理由的调节作用与其对投资吸引力评价的影响

由图 5.2 可以发现，在分析师声誉较高的水平下，当推荐理由较强时，投资者对公司投

资吸引力评价的均值为7.14;当推荐理由不充分时,投资者对投资吸引力评价的均值为6.12,表明分析师声誉和推荐理由共同影响了投资者的决策。假设H3b提出,在分析师推荐理由充分且声誉较高时,投资者对公司投资吸引力评价的均值最高。假设H4b提出,在分析师声誉较低的水平下,分析师推荐理由的充分性对投资者投资判断的影响较小,此时投资者对公司投资吸引力的评价较低,分别为4.93(较弱)和4.79(较强)。因此,当分析师声誉较低时,分析师推荐理由的充分性对投资者投资判断的影响较小,投资者的投资判断主要依赖于分析师声誉,而不是分析师推荐理由。

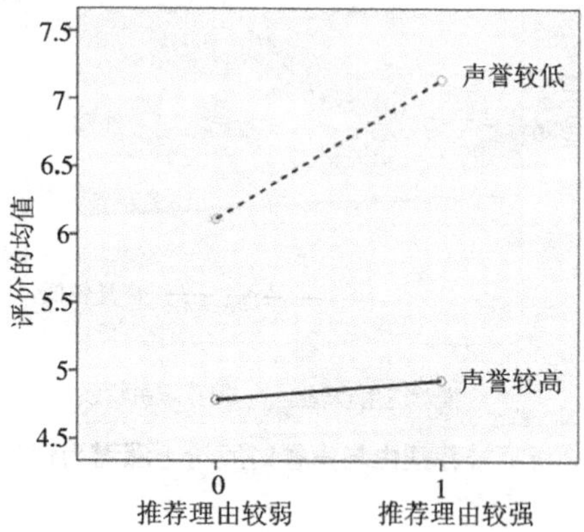

图5.2 分析师推荐理由与声誉对投资吸引力评价的影响

投资者根据不同的分析师推荐理由和声誉对投资吸引力做出评价。从表5.26可以发现,分析师推荐理由和声誉与投资者对投资吸引力的评价的交互作用显著(F=4.348,P=0.039)。为了进一步验证本书的假设,我们进行了相关的简单主效应检验。由表5.32中的简单主效应结果可以发现,当分析师声誉较高且分析师推荐理由较强时,投资者对投资吸引力的评价明显更高(F=7.96, P=0.006),假设H3b得到了验证。当分析师声誉较低时,分析师推荐理由的充分性对投资吸引力评价无显著影响(F=0.09, P=0.761),假设H4b得到了验证。

表5.32 分析师推荐理由对投资吸引力评价的简单主效应检验结果

分析师声誉	偏差平方和	自由度	均方	F值	P值
较低	219.53	1	0.19	0.09	0.761
较高	16.17	1	16.17	7.96	0.006

因此,分析师推荐理由与声誉共同影响了投资者对股价上涨潜力和投资吸引力的评价,分析师推荐理由对投资者投资判断的影响依赖于分析师的声誉。在分析师声誉较高时,分析师推荐理由发挥的影响作用较大;而当证券分析师声誉较低时,分析师推荐理由的影响作用较小,声誉的影响作用较大。本书的实验结果证实了心理学研究中的说服理论(Petty et al., 1986b; Pornpitakpan, 2004),即信息传递者的可信度或声誉会影响人们对所传递信息做出的反应;同样,信息传递者所传递信息的内容也会影响人们的决策行为。因此,说服理论中的信息传递者和信息内容两个因素会共同影响个体的决策行为。

第五节　中介作用分析结果

借鉴实验研究的优势,本节研究投资者的投资判断过程,其中检验投资者对分析师推荐信息在信念上的感知是否中介了分析师声誉对投资者投资判断的影响,我们预期分析师声誉高低的差异,会使投资者对分析师可信度和专业能力感知产生差异,即投资者对分析师可信度和专业能力的感知中介了分析师声誉对投资者投资判断的影响,同时投资者对公司未来盈利潜力的评价和股价上涨潜力的评价中介了分析师声誉对投资吸引力的影响。本节中,分别对这些中介变量进行中介效用统计分析。

中介变量(mediator)是一个重要的统计概念。如果自变量 X 通过某一变量 M 对因变量 Y 产生一定影响,则称 M 为 X 和 Y 的中介变量(卢谢峰等, 2007; 2011)。在实践中,人们研究中介作用的目的在于根据 X 和 Y 的关系,探索 X 对 Y 产生作用的内部作用机制。在研究中介作用的过程中,可以了解 X 对 Y 的影响过程。对中介变量的研究不但可以解释关系背后的作用机制, 而且能够整合现有的研究或理论,具有显著的理论价值和实践意义。中介变量是联系两个变量之间的纽带。在理论上,中介变量反映某种内部机制(Mackinnon, 2008)。自变量 X 的变化引起中介变量 M 的变化,中介变量 M 的变化引起因变量 Y 的变化。因此,中介变量是整个因果过程中的一个重要环节,不可或缺。正因为如此,中介效应分析的前提是变量间存在明确的理论上或事实上的因果关系(Baron et al., 1986; Kenny et al., 1998; Mackinnon et al., 1995)。

中介作用分析(简称"中介分析")广泛存在于社会科学研究中,如心理学、管理学和经济学领域。Rucker et al.(2011)统计发现 2005 年至 2009 年发表在《人格与社会心理学杂志》和《人格与社会心理学公报》上的研究中,分别有 59% 和 65% 使用了中介分析。中介分析之所以被广泛使用,主要原因有以下几个方面:首先,中介变量在社会科学的诸多理论中是不可缺少的内容;其次,中介效应检验的精确性引发了不同领域学者的研究热情,而对于中介变量检验的新方法和程序也在不断更新;最后,通过中介分析可以获知个体的决策过程。

常见的中介分析方法主要有三种:逐步检验法、系数乘积检验法、差异系数检验法。这些方法大同小异,根据研究的需要可以灵活选择,本书采用逐步检验法。Baron et al.y (1986)提出的中介作用检验方法是目前使用最多的中介分析方法,这种方法易于理解,便于操作。该方法的具体操作过程如图 5.3 所示。第一,检验总效应的系数是否显著,即 X 对 Y 的影响是否存在显著性,主要观察系数 c,如果系数 c 显著,则继续进行后续的中介分析;如果系数 c 不显著,则中止中介分析。第二,检验自变量 X 作用于中介变量 M 的效应是否显著,如果系数 a 显著,则需要继续进行随后的中介分析;如果系数 a 不显著,则终止中介分析,中介作用不存在。第三,检验中介变量 M 对因变量 Y 的影响,如果系数 b 显著,则进一步进行检验;如果系数 b 不显著,则终止分析,中介作用不存在。第四,在做完前三步的检验之后,如果系数 a 和 b 都显著,如果 c' 系数不显著,说明存在完全中介作用(Judd et al.,1981),如果系数降低,则说明存在部分中介作用(Baron et al.,1986)。

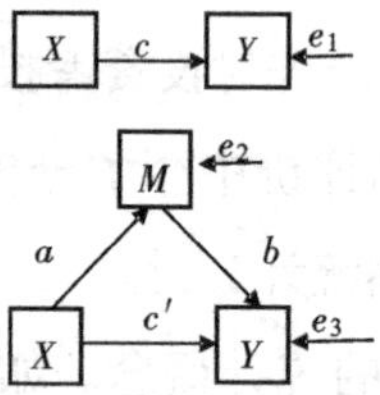

图 5.3　中介变量示意图

尽管逐步检验法很容易被理解并操作,而且使用也最广泛,但是其也存在诸多局限性。根据前面的论述,系数 c 是否显著是检验中介作用的必要前提,但是在有些情况下尽管 c 不显著,仍然存在中介作用(Mackinnon et al.,2000; Mackinnon et al.,2007)。如果严格按照逐步检验法的基本要求,即系数 c 必须显著,否则中介变量无从谈起,而在实际中 c 不显著而存在实质性中介作用的情况又非常普遍,所以严格执行逐步检验法将错过很多实际存在的中介作用。此外,相关研究发现,与其他方法相比,逐步检验法的统计功效最小(Mackinnon et al.,2002;Mackinnon et al.,2004)。

本节的研究重点是三个中介变量,即信任度、未来盈利潜力和股价上涨潜力,通过分别对其中介作用进行统计分析,检验本书的假设 H5。

一、投资者对分析师信任度感知的中介作用分析

本书预期投资者对分析师可信度和专业能力在信念上的感知中介了其做投资判断的过程。当分析师声誉较高时,投资者对分析师可信度、专业能力的评价也会较高;反之,当分析师声誉较低时,投资者对分析师可信度、专业能力的评价较低。当投资者对分析师可信度、专业能力的评价较高时,投资者对分析师推荐公司的未来盈利潜力、股价上涨潜力和投资吸引力的评价较高。

根据被试回答,本书将投资者对分析师可信度和专业能力的评价汇总成一个变量,并称之为“信任度”,取其均值进行中介分析。根据被试的回答并借鉴前人的研究,本书对这两个变量进行了信度检验。信度是指对同一个事物进行重复测量时,其结果的一致性程度,可

以体现测量结果的稳定性和可靠性。表征信度的统计量是克朗巴哈系数(Cronbach's α)一般来说,若两次或多次测量的结果一致性越高,则误差越小,测量的信度越高(郭秀艳等,2006)。根据信度检验的结果,将分析师可信度、专业能力这两个因变量合并为信任度并用来反映投资者对未来投资潜力评价时,信度较高($\alpha=0.725$)。信度检验的结果表明,用这两个因变量进行问卷设计时,内部一致性较高、可靠性较好,能够较好地体现投资者对未来投资潜力的评价。此外,本书对这两个中介变量以及汇总的中介变量(信任度)进行了信度分析。结果表明,可信度的 $\alpha=0.839$,专业能力的 $\alpha=0.814$,汇总的中介变量的 $\alpha=0.725$。因此,通过两个中介变量来表征投资者对分析师的感知时,结果具有一定的稳定性,能够体现投资者对分析师的评价。

为了了解投资者的投资判断的过程,我们向被试提问"在本案例中,您认为分析师的可信度如何?",被试在"11 点量表"中作答,0 表示可信度很低,10 表示可信度很高;同时,向被试提问"在本案例中,您认为分析师的专业能力如何?", 0 表示专业能力很低, 10 表示专业能力很高。根据被试的回答,我们取两个中介变量的均值,并作为信任度的评价结果。统计结果表明,当分析师声誉较高时,投资者对分析师信任度的评价较高,当投资者对分析师信任度的评价较高时,其对公司未来盈利潜力的评价也较高。

如图 5.4 所示,首先,分析师声誉和投资者对未来盈利潜力的评价之间的关系存在显著性(C_0=0.567, P=0.000);其次,自变量和中介变量之间的关系也显著为正(a=0.408, P=0.000);最后,中介变量和因变量之间的关系也显著为正(b=0.270, P=0.004)。将中介变量放入回归方程后,本书的自变量和因变量之间关系的显著性有一定程度的降低($C_1=0.548<C_0=0.567$, P=0.000)。因此,投资者对分析师信任度的评价部分中介了分析师声誉对投资者对未来盈利潜力评价的影响,假设 H5 得到了证实,即分析师声誉会改变投资者对分析师信任度的判断,进而影响投资判断。

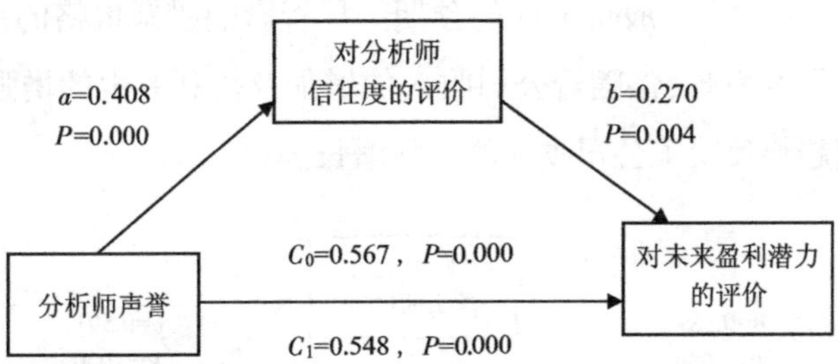

图 5.4　分析师信任度对未来盈利潜力评价的中介作用

二、未来盈利潜力评价对股价上涨潜力评价的中介作用

如图 5.5 所示,首先,投资者对分析师信任度的评价与对股价上涨潜力的评价之间的关

系存在显著性（C_0=0.478，P=0.000）；其次，自变量和中介变量之间的关系也存在显著性（a=0.270，P=0.004）；最后，而中介变量和因变量之间的关系也存在显著性（b=0.589，P=0.000）。将中介变量放入回归方程后，本书的自变量和因变量之间关系的显著性有一定程度的降低（C_1=0.247< C_0=0.478，P=0.000）。因此，投资者对未来盈利潜力的评价部分中介了分析师信任度对股价上涨潜力评价的影响，假设 H5 得到了证实。该结果与心理学说服理论的相关观点一致的，即人们往往对可信度高的个体更容易产生信任或依赖，进而对其预测的未来形成一个良好的预期，并改变自身的决策行为。综上，当投资者对分析师的信任度较高时，其对相关公司的未来盈利潜力的评价则较高，进而认为公司股价上涨的潜力较大。

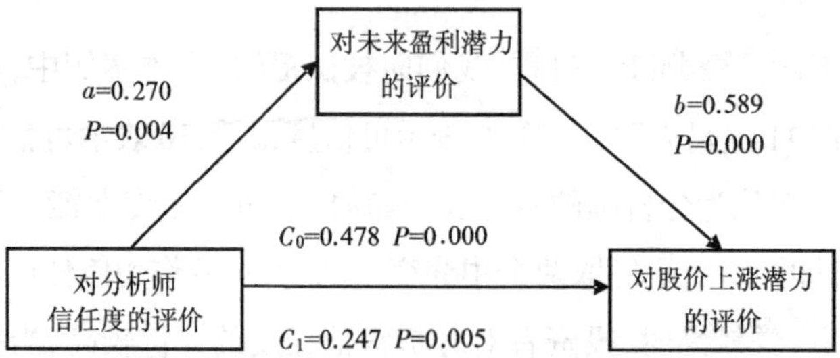

图 5.5 对未来盈利潜力的评价对股价上涨潜力评价的中介作用

三、股价上涨潜力评价对投资吸引力评价的中介作用

本书假设投资者对股价上涨潜力的评价中介了盈利潜力评价对投资吸引力的影响。为了了解投资者的决策过程，根据被试对未来盈利潜力和股价上涨潜力以及投资吸引力的评价并借鉴以往的研究成果，认为股票收益的波动性相对较大，投资者对股票投资的关注要点是希望从中获得稳定的投资收益或现金流。因此，股票投资的吸引力在于能够从中获得预期的红利和股价上涨。本书不考虑红利所得，在保持其他因素不变的情况下，认为股票投资的吸引力体现在投资者对未来股价上涨的预期。尽管影响股票价格的因素很多，但是 Siegel（1998）通过实证研究发现，伴随着公司收入的增加及盈利能力的增强，公司股价也相应地上升，股价的长期趋势反映了公司收入的实际增长。

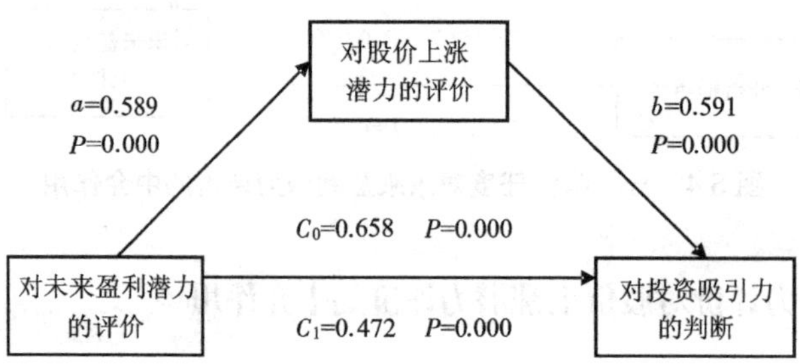

图 5.6 股价上涨潜力评价对投资吸引力判断的中介作用

如图 5.6 所示，首先，对未来盈利潜力和对投资吸引力评价之间的关系存在显著性（C_0=0.658，P=0.000）；其次，自变量和中介变量之间的关系存在显著性（a=0.589，P=0.000）；最后，中介变量和因变量之间的关系也存在显著性（b=0.591，P=0.000）。将中介变量放入回归方程后，本书的自变量和因变量之间关系的显著性在一定程度上有所降低（C_1=0.472<C_0=0.658，P=0.000）。因此，投资者对股价上涨潜力的评价部分中介了对未来盈利潜力的评价对投资吸引力评价的影响，假设 H5 得到了证实。

第六节　附加分析结果

本节主要检验投资者在日常的投资判断中，其初始投资判断以及自身的投资经验等因素对其最终决策的影响。本节的目的是排除对实验结果产生影响的其他因素，并对实验过程进行更加深入的分析和评价。

一、对初始投资判断的分析

协变量分析的目的是减少无关变量对不同实验水平的影响造成的偏差。因此，可通过调整协变量对操控变量产生的影响，提高实验的敏感性，以便获取不同实验水平处理效应的无偏估计。分析时，先给被试提供一家公司的基本信息，包括该公司的基本概况、该公司近两年的主要财务指标以及行业信息。在实验开始时，这些基本信息可能会影响投资者对实验操控组的判断，为了排除公司基本信息对投资者判断的影响，我们检验了投资者初始投资判断和实验自变量之间的关系，即向被试询问“假设您是 ABC 公司潜在的投资者，您认为该公司未来的投资潜力如何？”。被试在“11 点量表”上做出选择，结果如表 5.33 所示。结果显示，对 ABC 公司投资潜力评价的平均值为 6.77，最大值为 10，最小值为 3。此外，被试针对不同的实验组做出的评价无显著差异（F=0. 605，P=0.613），见表 5.34。因此，公司的基本信息不会影响投资者的投资判断，被试对 ABC 公司的初始判断在不同的实验水平下具有一致性。

表 5.33　被试初始投资判断的描述性统计结果

实验小组	样本量	均值	最小值	最大值	标准差
推荐理由较强，声誉较高	28	6.64	5	9	1.129
推荐理由较强，声誉较低	29	6.69	5	9	1.039
推荐理由较弱，声誉较低	28	6.71	4	9	1.049
推荐理由较弱，声誉较高	26	7.04	3	10	1.536
合计	111	6.77	3	10	1.191

表 5.34 被试初始投资判断的随机化检查结果

	偏差平方和	自由度	均方	F 值	P 值
组间	2.599	3	0.866	0.605	0.613
组内	153.311	107	1.433		
合计	155.910	110			

协变量选择的一个主要标准是协变量与因变量高度相关。见表 5.35，初始投资判断和因变量之间关系显著（P=0.008）。在一般情况下，协变量的数值都是在实施实验处理之前所获取的，本实验在给被试提供相关的基本信息之后，让被试做出初始投资判断。因此，将被试的初始投资判断作为协变量，加入回归方程。统计结果表明，被试的初始投资判断并不影响实验结果，即研究的主效应和交互效应均未发生改变。但是，在加入被试的初始投资判断之后，实验结果的显著性有了一定的提高，即推荐理由主效应为 P=0.000，推荐理由和声誉之间的交互作用为 P=0.002<0.005。表明将被试的初始投资判断作为协变量进一步提高了实验的敏感度。这主要是由于自变量的变化所引起的，而不是由于被试的初始投资判断。

表 5.35 被试初始投资判断作为协变量的分析结果

来源	Ⅲ型平方和	自由度	均方	F 值	P 值
校正模型	84.327[a]	4	21.082	29.949	0.000
截距	64.476	1	64.476	91.593	0.000
初始投资判断	5.230	1	5.230	7.429	0.008
推荐理由	9.910	1	9.910	14.078	0.000
声誉	60.819	1	60.819	86.399	0.000
推荐理由 × 声誉	6.879	1	6.879	9.773	0.002
误差	74.617	106	0.704		
总计	3 761.345	111			
校正的总计	158.944	110			
a:R^2 = 0.531（调整 R^2 =0.513）					

综上所述，对被试初始投资判断的随机化检验可以发现，本实验成功地实现了对被试的随机化分组，一定程度上可以有效地确保实验结果的内部效度，进一步避免了相关不可控因素对实验结果产生干扰。

二、投资者对自身投资经验的评价

投资者自身的投资经验会影响实验结果。投资者自身的这种特征是内在固有的，可能会对实验结果产生影响。为了排除投资经验对投资者投资判断的影响，我们向被试询问

“请您对自身的投资经验做出评价”,“0”表示非常少,“10”表示非常高。

根据被试的回答,我们做了进一步的分析,通过表 5.36 描述性统计结果可以发现,被试对自身投资经验评价的均值为 3.80,低于中位数 5。通过单样本 t 检验可以发现,被试对自身投资经验的评价较低(见表 5.37,t=−6.982,P=0.000),间接说明了投资者对分析师的依赖程度较高,越是投资经验不足的投资者,可能对分析师的依赖程度越高。而机构投资者可能对分析师推荐信息的依赖程度较低。

同时,我们将被试对自身投资经验的评价作为协变量,加入方差分析方程。表 5.38 所示的统计结果表明,被试对自身投资经验的评价不会影响实验结果,本书实验结果的相关交互效应和主效应都没有因为该协变量而发生改变。因而,本书有效地实现了随机化分组,投资者自身的投资经验不会对实验结果产生影响。

表 5.36 被试对自身投资经验评价的描述性统计结果

实验小组	样本量	均值	最小值	最大值	标准差
推荐理由较强,声誉较高	28	3.61	0	7	1.969
推荐理由较强,声誉较低	29	4.10	0	8	1.934
推荐理由较弱,声誉较低	28	4.39	1	9	1.499
推荐理由较弱,声誉较高	26	3.04	0	6	1.562
合计	111	3.80	0	9	1.808

表 5.37 被试投资经验评价的单样本 t 检验结果

	检验值 = 5					
	t 值	自由度	显著性(双尾)	均值差值	差分 95% 置信区间	
					下限	上限
经验评价	−6.982	110	0.000	−1.198	−1.54	−0.86

表 5.38 被试投资经验作为协变量的分析结果

来源	Ⅲ型平方和	自由度	均方	F 值	P 值
校正模型	80.287[a]	4	20.072	27.049	0.000
截距	673.203	1	673.203	907.226	0.000
投资经验	1.190	1	1.190	1.603	0.208
推荐理由	8.987	1	8.987	12.111	0.001
声誉	54.680	1	54.680	73.688	0.000
推荐理由 × 声誉	6.586	1	6.586	8.876	0.004
误差	78.657	106	0.742		
总计	3 761.345	111			
校正的总计	158.944	110			

来源	Ⅲ型平方和	自由度	均方	F 值	P 值
校正模型	80.287[a]	4	20.072	27.049	0.000
截距	673.203	1	673.203	907.226	0.000
投资经验	1.190	1	1.190	1.603	0.208
推荐理由	8.987	1	8.987	12.111	0.001
声誉	54.680	1	54.680	73.688	0.000
推荐理由 × 声誉	6.586	1	6.586	8.876	0.004
误差	78.657	106	0.742		
总计	3 761.345	111			
a：R^2 =0.505（调整 R^2 = 0.486）					

三、被试判断时的自信心程度

个体的自信心水平是其在做出投资判断时的一个重要的心理特征。我们向被试询问“您认为，您对以上第 1 题、第 2 题、第 3 题所做出判断的自信心水平如何?”，被试在“11 点量表”中做出选择，“0”表示自信心水平很低，“10”表示自信心水平很高。考察被试在不同实验水平下如何评估自身在做出决策时的自信心水平，便于了解被试在不确定情境中进行个体决策的认知过程。

表 5.39 列出了被试在不同实验水平下的自信心水平评价的描述性统计结果，可以发现不同实验组中被试的自信心水平之间差异较小，平均均值为 6.39，在推荐理由较强的 2 个组，被试基于不同的分析师声誉（6.29 和 6.45），得出评价的差异较小，表明投资者做出的投资判断可能依赖于分析师的推荐理由；对于分析师推荐理由较弱的 2 个组，分析师声誉较高时，被试的自信心水平较高（6.62），反之则较低（6.21）。这说明被试做出自信心评价可能依赖于分析师声誉。综上所述，4 个实验组之间的自信心评价差异较小。根据表 5.40 中的统计检验结果，可以发现不同实验组之间的被试自信心评价均值不存在显著差异（F=0.340，P=0.797）。因此，被试做出的自信心评价不会对实验结果造成影响，实验结果的差异是由自变量的变化所导致。

此外，根据表 5.39 中的统计结果，被试的自信心水平均较高，总平均均值为 6.39，不同实验组被试做出的自信心评价的均值差异较小，均值都在 6 以上，最大值为 9，最小值为 2。为了进一步检验被试的评价差异，我们对被试的自信心评价结果做了单样本 t 检验。结果显示，被试做出自信心评价的均值（6.39）显著大于自信心水平中位数（5）（t=9.256，P=0.000），表明被试在做出因变量判断时的自信心水平较高，能够合理保证实验结果的准确性。

表 5.39　被试自信心评价的描述性统计结果

实验小组	样本量	均值	最小值	最大值	标准差
推荐理由较强，声誉较高	28	6.29	2	9	1.941
推荐理由较强，声誉较低	29	6.45	4	9	1.572
推荐理由较弱，声誉较低	28	6.21	3	9	1.371
推荐理由较弱，声誉较高	26	6.62	3	9	1.416
合计	111	6.39	2	9	1.579

表 5.40　被试自信心评价的方差分析结果

	偏差平方和	自由度	均方	F 值	P 值
组间	2.588	3	0.863	0.340	0.797
组内	271.755	107	2.540		
会计	274.342	110			

表 5.41　被试自信心评价的单样本 t 检验结果

	检验值 = 5					
	t 值	自由度	显著性（双尾）	均值差值	差分 95% 的置信区间	
					下限	上限
自信心水平	9.256	110	0.000	1.387	1.09	1.68

第六章　结论和展望

本研究采用实验研究方法，以 MBA 学生为被试，研究分析师推荐理由和分析师声誉对投资者的投资判断的影响。本章对全书进行总结。本章内容包括两个方面：第一节提出本书的主要结论和启示；第二节提出本书研究的局限性以及未来的研究展望。

第一节　研究结论和实践启示

一、研究结论

为了规范券商研究报告，证监会 2012 年正式实施的《规定》明确指出，“证券公司、证券投资咨询机构发布证券研究报告，证券公司、证券投资咨询机构制作证券研究报告应当秉承专业的态度，采用严谨的研究方法和分析逻辑，基于合理的数据基础和事实依据，审慎提出研究结论”。但在实际操作过程中，分析师在资本市场中是重要的信息供给者，投资者对分析师研究报告的依赖程度较高。本书主要关注分析师研究报告中的推荐理由和分析师声誉如何影响投资者的投资判断，而投资者能否识别分析师推荐信息的内容，能否改变自身的投资行为是本书研究的重点。本书运用社会心理学领域的说服理论，研究分析师推荐理由和声誉这两个因素对投资者投资判断的影响，并采用实验研究的方法研究了这两个因素是如何共同影响投资者投资判断的。本书的研究结论主要包括以下几点。

1. 理论分析表明，信息传递者的权威性以及信息的内容会共同影响个体的判断。在资本市场中，分析师的推荐评级会影响投资者的投资判断，而市场中缺乏经验的个体投资者容易受分析师推荐理由和声誉的影响，往往做出有偏的投资判断。当信息传递者的声誉存在差异时，个体投资者做出的投资判断也会存在差异，同时传递信息在内容上的差异也会影响个体投资者的投资判断。

2. 实验结果表明，与推荐理由较弱时相比，分析师研究报告的推荐理由较强时，个体投资者对股价上涨潜力和投资吸引力的评价较高。

3. 实验结果表明，分析师声誉会对个体投资者的投资判断产生重大影响。当分析师声誉较高时，投资者对所推荐公司股票的价格上涨潜力和投资吸引力的评价较高。

4. 实验结果表明，分析师推荐理由和声誉会共同影响投资者的投资判断，分析师声誉调节了分析师推荐理由对投资者投资判断的影响。当分析师声誉较高时，分析师推荐理由的充分性对投资者的判断产生显著影响,即推荐理由对投资者投资判断的影响依赖于分析师声誉;当分析师声誉较低时,分析师推荐理由的充分性对投资者投资判断的影响无显著性;较高的分析师声誉对个体投资者投资判断的影响较大。

5. 实验结果表明,投资者对分析师信任度的感知部分中介了分析师声誉对投资者投资判断的影响;投资者对分析师推荐公司未来盈利潜力的感知部分中介了分析师信任度对公司未来盈利潜力评价的影响;投资者对公司未来股价上涨潜力的感知部分中介了公司盈利潜力对投资吸引力评价的影响。

二、实践启示

为了保护投资者的合法权益,进一步规范证券公司和证券投资咨询机构发布证券研究报告的行为,中国证券业协会在 2012 年颁布《规范》,对证券公司和证券投资咨询机构发布证券研究报告的行为进行了规范,并提出了具体的要求。但是,以往对分析师研究报告的调查和探讨主要采用实证研究方法,集中在分析师发布的推荐评级、盈利预测、目标价格和风险提示等方面,很少涉及对分析师推荐理由的研究。现实中,分析师研究报告的内容大多数趋于同质化,往往存在缺乏推荐理由、忽视风险警示,以及"买入"评级数量的数量远远大于"卖出"评级数量的问题。以上问题都使分析师的客观性、独立性受到了市场相关利益主体的普遍质疑。因此,基于社会心理学中的说服理论,研究分析师推荐理由和声誉如何影响投资者的投资判断,具有重要的现实意义。结合本书的研究结果,对目前证券公司和证券投资咨询机构发布证券研究报告的过程提出两点建议,具体如下。

(一)分析师在发布研究报告时应审慎得出研究结论

本书实验结果表明,分析师推荐理由会影响投资者的投资判断。与推荐理由较弱时相比,当推荐理由较强时,投资者对股价上涨潜力和投资吸引力的评价较高。因此,在实践中,分析师在发布研究报告时,应坚持客观真实的原则,秉承专业的职业态度,采用严谨的逻辑分析方法和专业的研究方法,基于现实合理的事实依据和数据,谨慎且慎重地提出研究结论;此外应避免使用夸大的术语或标题,避免盲目乐观或无事实依据地给出推荐评级,以及避免有结论但理由不充分,从而诱导投资者做出有偏的投资判断。分析师发布的研究报告应该避免出现以上问题,从而减少投资者对其工作态度和研究能力的质疑。

(二)强化分析师声誉价值的监督和管理

本书实验结果表明,分析师推荐理由和声誉共同影响投资者的投资判断。声誉较高的分析师的推荐理由对投资者的投资判断的影响要高于声誉较低的分析师的推荐理由。因此,在实践中,应强化分析师声誉的监督和管理。但是,声誉是金融服务业的无形资产,计量十分复杂,无论是声誉评估、考核以及反馈都涉及声誉计量问题,而国外的相关方法在我国的适用性有待进一步检验。从博弈论角度看,良好声誉是长期动态重复博弈的结果,所以分析师的声誉在资本市场中存在“自我筛选”和“自我加强”2种效应。资本市场会不断淘汰声誉和信用备受质疑的个体和企业,而声誉较高的分析师也会在金融行业中通过声誉提升给自身和所在机构带来声誉的正面效应。

(三)加强投资者教育,促进证券市场稳定发展

我国证券市场起步较晚,如何保护投资者利益,强化对投资者教育并提高投资者信心,始终是资本市场发展的核心内容。由本书结论可以发现,投资者对具有较高声誉的分析师的信息具有很强的依赖性,分析师推荐理由只有在分析师声誉较高的情况下,才会对投资者的投资判断产生影响。投资者对高声誉分析师的依赖和信任,一定程度上体现了投资者盲目的投资理念,缺乏对证券投资进行分析和研究的主动性。尽管分析师发布的信息对投资者的投资判断具有很强的指导意义和借鉴价值,但是在现实中应该加强对个体投资者的投资理念和投资知识的教育和培训,提高投资者自身的投资判断水平,强化其自身的决策分析能力。这样才能强化个体投资者的自我保护能力,树立正确的投资理念,提高个体投资者的风险意识,最终保证资本市场的可持续发展和社会稳定。

第二节 研究局限性和研究展望

本书通过实验研究检验了分析师推荐理由和声誉与投资者的投资判断之间的因果关系,得出了许多有价值的研究结论,但是由于个人能力有限,本书仍然存在一些不足之处,但是这些局限也为未来的研究提供了方向。

一、研究局限性

(一)声誉发挥作用是重复多次交易的结果

根据声誉理论的相关研究,声誉机制发挥作用取决于代理人在市场中的存在时间和交易次数,分析师声誉对投资者的影响是重复多次交易产生的影响。正如 Tan et al.(2012)认为高频率地披露分析师的姓名会增加投资者对分析师的熟悉程度。其结果表明单纯高频率披露分析师的姓名会强化投资者对该分析师可信度的感知,进而提高未来盈利预测估计;但是当同时给被试提供分析师的历史业绩时,并没有带来增量信息效应,投资者并不具有信息整合的能力。本书对声誉的界定是一次性行为,投资者根据分析师的声誉进行投资决策,而现实中声誉的形成是多次重复博弈的结果。现实中投资者的投资判断可能是投资者与分析师之间多次博弈的结果,也可能依赖于投资者和分析师之间的关系或者是熟悉程度。

(二)分析师推荐理由的判断标准主观性较强

分析师推荐理由是操控变量,其主观性较强,尽管本书实验结果表明,被试能够区别不同分析师推荐理由在充分性方面上的差异，但是无法了解被试的判断是有意识的结果，还是无意识的结果。因此，为了区分被试对不同推荐理由做出评价的差异性，未来应该补充部分实验，即采用混合实验设计方法，其中对分析师推荐理由采用被试内设计的方法，依据投资者在被试间和被试内做出投资判断的差异性，来考查投资者对不同证券分析师推荐理由做出判断时的一致性。

（三）实验研究结果的外部效度

本书选择个体投资者为研究对象，在对相关影响因素进行控制之后，关注分析师声誉和推荐理由对投资者的投资判断的影响。Jenkins（1979）认为，对于任何一个实验，实验结果能够普遍地被运用到总体样本或者其他同类现象中的程度是检验实验研究时的一项重要标准。但是，实验研究结果是否具有普遍代表性和适用性问题是所有类型研究的一个共性问题。因此，本书也涉及所得实验结果和研究结论的概括能力和普遍推广性如何的问题，即实验结果是否接近现实的问题。尽管本书的结论充分地考虑了当前的投资环境、行业信息以及公司本身的财务信息，但是其他可能的宏微观因素或者投资者自身的因素也会对本书研究结论产生影响，需要进一步进行检验。

二、研究展望

结合本书研究的局限性，以及当前理论界和实践中分析师研究报告的现状，未来可能的研究方向如下。

（一）分析师推荐信息的传播渠道是否会影响投资者决策

未来的研究可以考虑：不同媒介传递的信息（如电子邮件、手机短信、电话交谈、面对面交谈等）如何影响投资者的决策；分析师如何选择最佳的信息沟通方式来传递信息；不同渠道的媒介信息如何影响投资者的投资判断。未来的研究可以针对上述问题进行深入的分析和探讨。

（二）解释的原因是否越多越好

Shaklee et al.（1982）认为，验证事件产生原因的过程可以被定义为不确定性减少的过程。一个事件发生的原因可能有多种可能，而寻找原因的过程则是对事件原因和结果之间关系不断证实的过程。本书通过实验操控给被试提供所有可获取的信息，期望被试能够依据分析师的推荐理由做出一个整体的投资判断。在现实中，分析师可能会有动机地调整所发布信息的完整性；被试可能聚焦于某一个充分性很强的信息，也可能会根据经验通过某一个可能的原因简化其决策过程。上述被试的简单启发性原则已被证实是一种有价值的决策方式（Tversky et al.，1974），但是被试也可能做出错误的决策。在实际决策中，一旦某一个原因能够充分地解释事件产生的原因，其他原因的解释往往会变得多余。被试是依赖推荐理由中的某一个做出判断的,还是依赖其整体做出判断的,本书尚未系统地研究,这是笔者未来的一个研究方向。

(三)研究机构投资者的投资决策行为

尽管个体投资者在资本市场中占有举足轻重的地位(Shleefer et al., 1990)。但是,机构投资者对分析师研究报告做出的反应可能与个体投资者存在显著差异。因此,未来可以关注机构投资者如何对分析师研究报告做出反应,以及机构投资者和个体投资者对分析师研究报告得出的解读信息的差异性。

参考文献

白晓宇，2007. 关于上市公司发布预警的实证研究 [J]. 国际金融研究，(7)：43-49.

蔡庆丰，杨侃，林剑波，2011a. 羊群行为的叠加及其市场影响：基于证券分析师与机构投资者行为的实证研究 [J]. 中国工业经济，(12)：111-121.

蔡庆丰，陈娇，2011b. 证券分析师缘何复述市场信息：基于市场反应的实证检验与治理探讨 [J]. 中国工业经济，(7)：140-149.

蔡卫星，曾诚，2010. 公司多元化对证券分析师关注度的影响：基于证券分析师决策行为视角的经验分析 [J]. 南开管理评论，(4)：125-133.

曹俊娥，2012. 分析师与市场交易量敏感性分析 [J]. 现代管理科学，(9)：57-72.

陈同浩，滕春强，2006. 博弈论视角的我国证券承销商声誉机制研究 [J]. 价值工程，(11)：163-166.

储一昀，仓勇涛，2008. 财务分析师预测的价格可信吗？来自中国证券市场的经验证据 [J]. 管理世界，(3)：58-69.

董大勇，张尉，赖晓东，等，2012. 谁领先发布，中国证券分析师领先：跟随影响因素的实证研究 [J]. 南开管理评论，(5)：56-63.

董奇，2004. 心理与教育研究方法 [M]. 北京：北京师范大学出版社.

郭海星，万迪昉，吴祖光，2011. 承销商值得信任吗：来自创业板的证据 [J]. 南开管理评论，14(3)：101-109.

郭泓，赵震宇，2006. 承销商声誉对 IPO 公司定价、初始和长期回报影响实证研究 [J]. 管理世界，(3)：122-128.

郭秀艳，2004. 内隐学习研究综述 [J]. 华东师范大学学报：教育科学版，22(1)：7.

洪剑峭，王瑞，陈长松，2012. 分析师盈余预测准确性与投资评级的效率：基于中国证券市场 的实证分析 [J]. 投资研究，(8)：30-44.

胡旭阳，2003. 中介机构的声誉与股票市场信息质量：对我国股票市场中介机构作用的实证研究 [J]. 证券市场导报，(2)：58-61.

胡奕明，金洪飞，2006. 证券分析师关注自己的声誉吗？[J]. 世界经济，(2)：71-81.

胡奕明，林文雄，2005. 信息关注深度、分析能力与分析质量：对我国证券分析师的调查分析 [J]. 金融研究，(2)：46-58.

黄春玲，2005. 证券监管效率和承销商声誉：基于南方证券“麦科特事件”的案例研究 [J]. 管理世界,(7):129-138.

季侃,戴文涛,2012. 中国资本市场二十余年之财务分析师研究综述 [J]. 现代管理科学,(11):59-61.

金晓斌,吴淑琨,陈代云,2006. 投资银行声誉、IPO 质量分布与发行制度创新 [J]. 经济学,5(2):403-426.

李辰颖,杨海燕,2012. CEO 声誉受哪些因素影响:理论与实证 [J]. 当代经济管理,(3):19-26.

李丹蒙,2007. 公司透明度与分析师预测活动 [J]. 财经科学,(6):107-117.

李东方,刘牧晗,2009. 我国证券分析师法律法规研究 [J]. 经济法论坛,(6):294-313.

李冬昕,李心丹,张兵,2011. 分析师的盈利预测偏差与本地优势 [J]. 财经科学,(3):26-33.

林小驰,欧阳婧,岳衡,2007. 谁吸引了海外证券分析师的关注 [J]. 金融研究,(1):84-98.

刘昶,修世宇,2008. 分析师利益与投资建议的信息含量 [J]. 统计研究,(10):103-108.

刘江会,宋瑞波,2003. 我国证券承销市场中券商违规失信的表现与原因分析 [J]. 管理世界,(12):16-24.

刘江会,2004. 我国承销上声誉与承销服务费用关系的实证研究 [J]. 财经研究,(4):108-118.

刘晔,肖斌卿,2009. 分析师跟进、管理层持股与公司价值:基于联立方程组模型的实证检验 [J]. 南方经济,(3):62-72.

卢谢峰,韩立敏,2007. 中介变量、调节变量与协变量:概念、统计检验及其比较 [J]. 心理科学,30(4):433-435.

卢谢峰,唐源鸿,曾凡梅,2011. 效应量:估计、报告和解释 [J]. 心理学探新,31(3):260-264.

聂祖荣,李波,宗传宏,等,2003. 中国证券公司竞争力评价方法和实证研究 [C]. 管理会计国际研讨会论文集. 上海:上海财经大学会计与财务研究院:124-140

潘越,戴亦一,刘思超,2011. 我国承销商利用分析师报告托市了吗? [J]. 经济研究,(3):131-144.

庞晓波,呼建光,2011. 分析师报告能够预测与解读财务报告吗? 来自中国股市的经验证据 [J]. 财贸研究,(3):42-66.

石桂峰,苏力永,齐伟山,2007. 财务分析师盈利预测精确度决定因素的实证分析 [J]. 财经研究,(5):62-71.

史密斯· R. A.,戴维斯· S. F.,2006. 实验心理学教程:勘破心理世界的侦探 [M]. 3 版. 郭秀艳，孙里宁，译. 北京：中国轻工业出版社.

舒华. 1994. 心理与教育研究中的多因素实验设计 [M]. 北京：北京师范大学出版社.

宋军，吴冲锋，2003. 中国股评家的羊群行为研究 [J]. 管理科学学报，(1)：68-73

万丽梅，逯东，2013. 中国证券分析师角色担当：声誉机制与市场环境的交互效应 [J]. 当代财经，(3)：64-73.

王宇熹，肖峻，陈伟忠，2006. 我国证券分析师推荐报告投资价值实证研究：以上海申银万国证券研究所为例 [J]. 中国矿业大学学报，35(2)：214-219.

王宇熹，洪剑峭，肖峻，2012. 顶级券商的明星分析师荐股评级更有价值么？：基于券商声誉、分析师声誉的实证研究 [J]. 管理工程学报，(3)：197-206.

王玉涛，陈晓，侯宇，2010. 国内证券分析师的信息优势：地理邻近性还是会计准则差异 [J]. 会计研究，(12)：34-40.

王征，张峥，刘力，2006. 分析师的建议是否有投资价值：来自中国市场的经验数据 [J]. 财经问题研究，(7)：36-44.

温忠麟，张雷，侯杰泰，等，2004. 中介效应检验程序及其应用 [J]. 心理学报，36(5)：614-620.

温忠麟，侯杰泰，张雷，2005. 调节效应与中介效用的比较和应用 [J]. 心理学报，(2)：268-274.

吴东辉，薛祖云，2005. 财务分析师盈利预测的投资价值：来自深沪 A 股市场的证据 [J]. 会计研究，(8)：37-43.

伍燕然，潘可，胡松明，等，2012. 行业分析师盈利预测偏差的新解释 [J]. 经济研究，(4)：149-160.

夏立军，方轶强，2005. 政府控制、治理环境与公司价值：来自中国证券市场的经验证据 [J]. 经济研究，40(5)：40-51.

肖斌卿，郑莉莉，李心丹，等，2012. 会计稳健性是否会影响分析师盈余预测行为：来自中国证券市场的证据 [J]. 管理评论，(2)：36-43.

肖峻，王宇熹，陈伟忠，2006. 中国股市风格动量实证研究 [J]. 财经科学，(3)：23-29.

徐欣，唐清泉，2010. 财务分析师跟踪与企业 R&D 活动：来自中国证券市场的研究 [J]. 金融研究，(12)：173-189.

徐永新，陈婵，2009. 媒体荐股市场反应的动因分析 [J]. 管理世界，(11)：65-73.

薛祖云，王冲，2011. 信息竞争抑或信息补充：证券分析师的角色扮演：基于我国证券市场的实证检验 [J]. 金融研究，(11)：167-182.

杨晔，杨大楷，王佳妮，2013. 信息中介与投资者满意度：基于证券分析师的实证研究 [J].

当代财经，(3)：52-63.

姚铮，罗炜阳，2006. 国外证券承销商声誉研究综述 [J]. 外国经济与管理，(2)：52-59.

游家兴，邱世远，刘淳证，2013. 证券分析师预测“变脸”行为研究：基于分析师声誉的博弈模型与实证检验 [J]. 管理科学学报，(6)：40-46.

于静，陈工孟，孙彬，2008. 最佳证券分析师能战胜市场吗？[J]. 财经论丛，(7)：52-59.

于忠泊，叶琼燕，田高良，2011. 外部监督与盈余管理：针对媒体关注、机构投资者欲分析师的考察 [J]. 山西财经大学学报，(9)：90-99.

詹姆斯·J. 瓦伦丁. 证券分析师的最佳实践指南 [M]. 王洋，译. 北京：机械工业出版社，2012.

张华东，2010. 专业化是证券公司的核心竞争力 [J]. 财经界，(10)：23-24.

张化侨，2010. 一个分析师的醒悟 [M]. 北京：中信出版社.

张继勋，2008. 会计和审计中的实验研究方法 [M]. 天津：南开大学出版社.

张继勋，屈小兰，2011. 管理层讨论与分析中的风险提示信息、管理层诚信度与投资者的决策 [J]. 证券市场导报，(9)：51-56.

张继勋，张丽霞，2012. 会计估计的准确性、行业共识信息与个体投资者的决策 [J]. 南开管理评论，15(3)：101-108.

张强，张宝，2011. IPO 发行成本与中介机构声誉：来自中国创业板市场的证据 [J]. 证券市场导报，(12)：4-10.

张雪兰，何德旭，2008. 证券分析师利益冲突影响投资者利益吗：一个经验研究评述(1995—2007)[J]. 金融研究，(7)：170-180.

张烨，胡倩，周健，2009. 证券分析师评级报告的投资价值研究：来自香港股市的经验证据 [J]. 当代财经，(10)：61-65.

郑方镳，吴超鹏，2006. 证券分析师报告市场反应研究综述 [J]. 外国经济与管理，(12)：40-47.

朱宝宪，王怡凯，2001. 证券媒体选股建议效果的实证分析 [J]. 管理世界，(4)：51-57.

朱红军，何贤杰，陶林，2007. 中国的证券分析师能够提高资本市场的效率吗？基于股价同步性和股价信息含量的经验证据 [J]. 金融研究，(2)：110-121.

朱红军，何贤杰，陶林，2008. 信息源、信息搜寻与市场吸收效率：基于证券分析师盈利预测修正的经验证据 [J]. 财经研究，(5)：63-74.

朱彤，叶静雅，2009. 投资评级发布日的机构投资者行为与证券的异常收益：来自上海证券市场的证据 [J]. 金融研究，(3)：154-170.

ABDEL-KHALIK A，AJINKYA B，1982. Returns to informational advantages：the case of analysts' forecast revisions[J]. The accounting review, 57(4): 661-680.

ACKERMAN P L, 1987. Individual differences in skill learning: an integration of psychometric and information processing perspectives[J]. Psychological bulletin, 102(1): 3-27.

AGRAWAL A, CHEN M A, 2008. Do Analyst Conflicts Matter? Evidence from Stock Recommendations[J]. The journal of law and economics, 51(3): 503-537.

AMIR E, LEV B, SOUGIANNIS T, 1999. What value analysts? [R]. New York: Graduate School of Business, Columbia University.

ARENI C S, LUTZ R J, 1988. The role of argument quality in the elaboration likelihood model[J]. Advances in consumer research, 15: 197-203.

ASQUITH P, MIKHAIL M B, Au A S, 2005. Information content of equity analyst reports[J]. Journal of financial economics, 75(2): 245-282.

BAKER M, GREENWOOD R, WURGLER J, 2009. Catering through nominal share prices[J]. The journal of finance, 64: 2559-2590.

BAKER M, WURGLER J, 2002. Market timing and capital structure[J]. Journal of finance, 57: 1-32.

BAKER M, WURGLER J, 2004. A catering theory of dividends[J]. Journal of finance, 59: 1125-1165.

BARBER B M, LEHAVY R, TRUEMAN B, 2007. Comparing the stock recommendation performance of investment banks and independent research firms[J]. Journal of financial economics, 85(2): 490-517.

BARON R M, KENNY D A, 1986. The moderator-mediator variable distinction in social psychological research: conceptual, strategic, and statistical considerations[J]. Journal of personality and social psychology, 51(6): 1173-1182.

BARTON J, MERCER M, 2005. To blame or not blame: analysts' reactions to external explanations for poor financial performance[J]. Journal of accounting and economics, 39(3): 509-533.

BATES T W, DUNBAR C G, 2002. Investment bank reputation, market power, and the pricing and performance of IPOs[R]. London, Canada: University of Western Ontario.

BEATTY R P, WELCH I, 1996. Issuer expenses and legal liability in initial public offerings[J]. Journal of law and economics, 39(2): 545-602.

BEATTY R P, BUNSIS H, HAND J R M, 1998. The indirect economic penalties in sec investigations of underwriters[J]. Journal of financial economics, 50(2): 151-186.

BEAVER W H, 1989. Financial reporting: an accounting revolution[M]. Englewood cliffs, NJ: Prentice Hall.

BENEISH M D, 1991. The detection of earnings manipulation[J]. Financial analysts journal, 55 (5): 24-36.

BIRNBAUM M H, STEGNER S E, 1979. Source credibility in social judgment bias: expertise, and the judge's point of view[J]. Journal of personality and social psychology, 37(1): 48-74.

BOLLER G W, SWASY J L, MUNCH J M, 1990. Conceptualizing argument quality via argument structure[J]. Advances in consumer research, 17(1): 321-328.

BONNER S E, WALTHER B R, YOUNG S M, 2003. Sophistication-related differences in investors' models of the relative accuracy of analysts' forecast revisions[J]. The accounting review, 78: 679-706.

BONNER S E, HUGON A, WALTHER B, 2007. Investor reaction to celebrity analysts: the case of earnings forecast revisions[J]. Journal of accounting research, 45(3): 481-513.

BOOTH J, SMITH R, 1986. Capital raising, underwriting and the certification process[J]. Journal of financial economics, 15(1-2): 261-281.

BRADLEY D J, JORDAN B, RITTER J R, 2006. Analyst behavior following IPOs: the "bubble period" evidence get access arrow[J]. The review of financial studies, 21(1): 101-133.

BRADSHAW M T, 2004. How do analysts use their earnings forecasts in generating stock recommendations? [J]. The accounting review, 79(1): 25-50.

BRADSHAW M T, RICHARDSON S A, SLOANR G, 2006. The relation between corporate financing activities, analysts' forecasts and stock returns[J]. Journal of accounting and economics, 42(1-2): 53-85

BRAV A, LEHAVY R, 2003. An empirical analysis of analyst's target prices: short term informativeness and long term dynamics[J]. Journal of finance, 58(5): 1933-1967.

BROCKMAN P, 1996. The role of reputation capital in the investment banking industry[J]. Applied economics letters, 7(3): 455-458.

BRUCE B, 2002. Stock analysts: experts on whose behalf? [J]. Journal of psychology and financial markets, 3(4): 198-201

CAMPBELL D T, 1957. Factors relevant to the validity of experiments in social settings[J]. Psychological bulletin, 54: 297-312.

CAMPBELL D T, STANLEY J C, 1963. Experimental and quasi-experimental designs for research[M]. Chicago: The American Educational Research Association.

CAMPBELL T S, KRACAW W A, 1980. Information production, market signaling and the theory of financial intermediation[J]. Journal of finance, 35(4): 863-882.

CHAIKEN S, 1980. Heuristic versus systematic processing and the use of source versus message cues in persuasion[J]. Journal of personality and social psychology, 1980, 39(5): 752-766.

CHAIKEN S, MAHESWARAN D, 1994. Neuristic processing can bias systematic processing: effects of source credibility, argument ambiguity, and task importance on attitude judgmen[J]. Journal of personality and social psychology, 66(3): 460-473.

CHEN S, MATSUMOTO D A, 2006. Favorable versus unfavorable recommendations: the impact on analyst access to management-provided information[J]. Journal of accounting research, 44(4): 657-689.

CHEN W, TAN H T, 2013. Judgment effects of familiarity with an analyst's name [J]. Accounting, organizations and society, 38: 214-227.

CIALDINI R B, 1984. The psychology of persuasion[J]. New York: Quill William Morrow.

CLARKE J, KHORANA A, PATEL A, et al., 2007. The impact of all star analyst job changes on their coverage choices and subsequent investment banking deal flow[J]. Journal of financial economics, 84: 716-737.

CLEMENT M B, 1999. Analyst forecast accuracy: do ability, resources, and portfolio complexity matter? [J]. Journal of accounting and economics, 27(3): 285-303.

CLEMENT M B, TSE S, 2003. Do investors respond to analysts forecast revisions as if forecast accuracy is all that matters? [J]. The accounting review, 78(1): 227-249.

COWEN A, GROYSBERG B, HEALY P, 2006. Which types of analyst firms are m ore optimistic? [J]. Journal of accounting and economics, 41(1-2): 119-146.

COX D F, 1967. Risk taking and information handling in consumer behavior[D]. Boston: Harvard University.

DIAMOND D, 1991. Monitoring and reputation: the choice between bank loans and privately-placed debt [J]. Journal of political economy, 99: 689-721.

DILLARD J P, WEBER K M, VAIL R G, 2007. The relationship between the perceived and actual effectiveness of persuasive messages: a meta-analysis with implications for formative campaign research[J]. Journal of communication, 57(4): 613 - 631

DOBY V J, KAPLAN R D, 1995. Organizational stress as threat to reputation: effects on anxiety at work and at home[J]. Academy of management journal, 38(4): 1105-1123.

DUGAR A, NATHAN S, 1995. The effect of investment banking relationships on financial analysts[J]. Earnings forecasts and investment recommendations，12(1)：131-160.

DUNBAR C G，2000. Factors affecting investment bank initial public offerings market share[J]. Journal of financial economics，55(1)：3-41.

EKMEKCI M，2010. Sustainable reputation with rating systems[J]. Journal of economic theory，146(2)：479-503.

ELLIOTT W B，HODGE F，KENNEDY J J，et al，2007. Are MBA students a good proxy for nonprofessional investors? [J]. The accounting review，82(1)：139-168.

ELSBACH K D，2003. Organizational perception management[J]. Research in organizational behavior，25：297-332.

ELTON E J，GRUBER M J，KOO S M，1986. Effect of quarterly earnings announcements on analyst's forecasts[J]. Research in finance，(6)：247-259.

FAMA E F，1970. Efficient capital markets：a review of theory and empirical work[J]. Journal of finance，25(2)：383-417.

FAMA E F，1980. Banking in the theory of finance[J]. Journal of monetary economics，6(1)：39-57.

FANG L H，YASUDA A，2004. Analyst reputation，underwriter pressure，and forecast accuracy[R]. Philadelphia：The Wharton School，University of Pennsylvania.

FANG L H，2005. Investment bank reputation and the price and quality of underwriting services[J]. Journal of finance，60(6)：2729-2761.

FANG L H，YASUDA A，2009. The effectiveness of reputation as a disciplinary mechanism in sell-side research[J]. Review of financial studies，22(9)：3736-3777.

FANG L，YASUDA A，2014. Are stars' opinions worth more? The relation between analyst reputation and recommendation values[J]. Journal of financial services research，46(3)：235-269.

FRAGALE A R，HEATH C，2004. Evolving informational credentials：the (mis)attribution of believable facts to credible sources[J]. Personality and social psychology bulletin，30：225-236.

FRANCIS J，SOFFER L，1997. The relative informativeness of analyst's stock recommendations and earnings forecast revisions[J]. Journal of accounting research，35(2)：193-211.

GARDNER H，1995. Why would anyone become an expert? [J]. American psychologist，50 (9)：802-803.

GILBERT D T，FISKE S T，LINDZEY G，1998. The handbook of social psychology[M]. 4th edition. Boston: McGraw-Hill.

HASS R G, 1982. Effects of source characteristics on cognitive responses in persuasion[M]// PETTY R E. Cognitive responses in persuasion. Hove: Psychology Press.

HERBIG P, MILEWICZ J, GOLDEN J, 1994. A model of reputation building and destruction[J]. Journal of business research, 31(1): 23-31.

HIRST D E, KOONCE L, SIMKO P, 1995. Investor reactions to financial analysts' research reports[J]. Journal of accounting research, 33(2): 335-351.

HIRST D E, KOONCE L, MILLER J, 1999. The joint effect of management's prior forecast accuracy and the form of its financial forecasts on investor judgment[J]. Journal of accounting research, 37(Suppl): 101-124.

HODGE F D, 2001. Hyperlinking unaudited information to audited financial statements: effects on investor judgments[J]. The accounting review, 76(4): 675-691.

HODGE F, HOPKINS P E, PRATT J, 2006. Management reporting incentives and classification credibility: the effects of reporting discretion and reputation[J]. Accounting, organizations and society, 31: 623-634.

HOLMSTROM B, 1982. Moral hazard in teams[J]. The bell journal of economics, 13(2): 324-340.

HOLMSTROM B, 1999. Managerial incentive problems: a dynamic perspective[J]. The review of economic studies, 66(1): 169-182.

HONG H, KUBIK J D, 2003. Analyzing the analysts: career concerns and biased earnings forecasts[J]. Journal of finance, (1): 313-351.

HOVLAND C I, WEISS W, 1951. The influence of source credibility on communication effectiveness[J]. Public opinion quarterly, 15(4): 635-650.

HULTSCH D, HERTZOG C, DIXON R, 1990. Ability correlates of memory performance in adulthood and aging[J]. Psychology and aging, 5(3): 356-368.

HUTTON A, STOCKEN P, 2007. Effect of reputation on the credibility of management forecasts[R]. Devonshire: Dartmouth College.

IRVINE P J, 2004. Analysts' forecasts and brokerage-firm trading[J]. The accounting review, 79(1): 125-149.

JACKSON A R, 2005. Trade generation, reputation, and sell-side analysts[J]. The journal of finance, 60(2): 673-717.

JACOB J, LYS T Z, 1996. Determinants and implications of the serial correlation in analysts' earnings forecast errors[R]. Chicago: Northwestern University.

JACOB J, LYS T Z, NEALE M A, 1999. Expertise in forecasting performance of security analysts[J]. Journal of accounting and economics, 28(1): 51-82.

JAMES C, 1992. Relationship-specific assets and the pricing of underwriter services[J]. Journal of finance, 47: 1865-1885.

JEGADEESH N, KIM J, KRISCHE S D, et al, 2004. Analyzing the analysts: when do recommendations add value? [J]. The journal of finance, 59(3): 1083-1124.

JIN G E, KATO A, 2006. Price, quality, and reputation: evidence from an online field experiment[J]. The rand journal of economics, 37(4): 983-1004.

JOHNSON B T, EAGLY A H, 1989. Effects of involvement on persuasion: a meta-analysis[J]. Psychological bulletin, 106(2):290-314.

JOHNSON B T, SMITH-MCLALLEN A, KILLEYA L A, et al, 2004. Truth or consequences: overcoming resistance to persuasion with positive thinking[M]//KNOWLES E S, LINN J A. Resistance and persuasion, Mahwah: Erlbaum: 215-233.

JOHNSON B T, MAIO G R, SMITH-MCLALLEN A, 2005. Communication and attitude change: causes, processes and effects[M]//ALBARRACÍN D, JOHNSON B T, ZANNA M P. The handbook of attitudes. Hillsdale: Lawrence Erlbaum Associates Publishers: 617-669.

JUDD C M, KENNY D A, 1981. Process analysis: estimating mediation in treatment evaluations[J]. Evaluation review, (5): 602-619.

KANDORI M, 1992. Social norms and community enforcement[J]. Review of economic studies, 59: 63-80.

KAUFMAN D Q, STASSON M F, HART J W, 1999. Are the tabloids always wrong or it that just what we think? Need for cognition and perceptions of articles in print media[J]. Journal of applied social psychology, 29(9): 1984-1997.

KEIL F C, 2006. Explanation and understanding[J]. Annual review of psychology, 57: 227-254.

KELLER W, 1974. Accounting for corporate social performance[J]. Management accounting, 2: 39-41.

KELLY K, LOW B, TAN H T, et al, 2012. Investors' reliance on analysts' stock recommendations and mitigating mechanisms for potential overreliance[J]. Contemporary accounting research, 29(3): 991-1012.

KELMAN H C, HOVLAND C I, 1953. Reinstatement of the communicator in delayed measurement of opinion change[J]. Journal of abnormal and social psychology, 48(3): 327-335.

KENNY D A, KASHY D, BOLGER N, 1998. Data analysis in social psychology[M]//GILBERT D, FISKE S, LINDZEY G. Handbook of social psychology. New York: McGraw-Hill: 233-265.

KIRKULAK B, DAVIS C, 2005. Underwriter reputation and underpricing: evidence from the Japanese IPO market[J]. Pacific-Basin finance journal, 13(4): 451-470.

KOTHARI S P, WARNER J B, 2001. Evaluating mutual fund performance[J]. Journal of finance, 56(5): 1985-2010.

KREPS D, MILGROM P, ROBERTS J, et al, 1982. Rational cooperation in the finitely repeated prisoners' dilemma[J]. Journal of economic theory, 27: 245-252.

LAI H N, 2003. Price Discovery in Hybrid Markets: Further Evidence from the London Stock Exchange[J/OL]. SSRN Electronic Journal. [2003-01-01]. http://dx.doi.org/10.2139/ssrn.410180.

LELAND H, PYLE D, 1977. Informational asymmetries, financial structure and financial intermediation[J]. Journal of finance, 32: 371-387.

LIBBY R, BLOOMFIELD R, NELSON M W, 2002. Experimental research in financial accounting[J]. Accounting, organizations and society, 27(8): 775-810.

LIBBY R, HUNTON J E, TAN H T, et al, 2008. Relationship incentives and the optimistic/pessimistic pattern in analysts' forecasts[J]. Journal of accounting research, 46(1): 173-198.

LIVINGSTON M, MILLER R E, 2000. Investment bank reputation and the underwriting of nonconvertible debt[J]. Financial management, 29(2): 21-34.

LIVINGSTON J, 2005. How valuable is a good reputation? A sample selection model of internet auctions[J]. Review of economics and statistics, 87(3): 453-465.

LYS T, SOHN S, 1990. The association between revisions of financial analysts' earnings forecasts and security price changes[J]. Journal of accounting economics, 13(4): 341- 363.

MACKINNON D P, WARSI G, DWYER J H, 1995. A simulation study of mediated effect measures[J]. Multivariate behavioral research, 30(1): 41-62.

MACKINNON D P, KRULL J L, LOCKWOOD C M, 2000. Equivalence of the mediation, confounding, and suppression effect[J]. Prevention science, 1(4): 173-181.

MACKINNON D P, LOCKWOOD C M, HOFFMAN J M, et al., 2002. A comparison of methods to test the significance of mediation and other intervening variable effects[J]. Psychological methods, 7: 83-104.

MACKINNON D P, LOCKWOOD C M, WILLIAMS J, 2004. Confidence limits for the indirect effect: distribution of the product and resampling methods[J]. Multivariate behavioral research, 39(1): 99-128.

MACKINNON D P, FAIRCHILD A J, FRITZ M S, 2007. Mediation analysis[J]. Annual review of psychology, 58: 593-614.

MACKINNON D P, 2008. Introduction to statistical mediation analyses[M]. New York: Lawrence Erlbaum.

MAINES L A, MCDANIEL L S, 2000. Effects of comprehensive-income characteristics on nonprofessional investors' judgments: the role of financial-statement presentation format[J]. Accounting review, 75: 179-208.

MAYHEW B W, SCHUTZBERG J W, SEVCIK G R, 2001. The effect of accounting uncertainty and auditor reputation on auditor objectivity[J]. Auditing: a journal of practice and theory, 20(2): 49-70.

MATTEWS M R, 1984. A suggested classification for social accounting[J]. Journal of accounting and public policy, 3(3): 199-222.

MCCATHERY J, SCHWIENBACHER A, 2010. Bank reputation in the private debt market[J]. Journal of corporate finance, 16: 498-515.

MCNICHOLS M F, O'BRIEN P C, PAMUKCU O M, 2006. That ship has sailed: unaffiliated analysts' recommendation performance for IPO firms[J/OL]. Social science electronic publishing. SSRN Electronic Journal. [2006-03-01]. http://dx.doi.org/10.2139/ssrn.892633.

MEGGISION W L, WEISS K, 1991. Venture capitalist certification in initial public offerings[J]. Journal of finance, 46(3): 879-901.

MEHRAN H, STULZ R M, 2007. The economics of conflicts of interest in financial institutions, Journal of financial economics, 85(2): 267-296

MELNIK M I, ALM J, 2002. Does a seller's reputation matter? Evidence from eBay auctions[J]. Journal of industrial economics, 50(3): 337-349.

MICHAELY R, WOMACK K L, 1999. Conflict of interest and the credibility of underwriter analyst recommendations[J]. The review of financial studies, 12(4): 653-686,

MIKHAIL B M, WALTHER B R, WILLIS R H, 1997. Do security analysts improve their performance with experience? [J]. Journal of accounting research, 35(Supp): 131-166.

MIKHAIL B M, WALTHER B R, WILLIS R H, 1999. Does forecast accuracy matter to security analysts? [J]. The accounting review, 74(2): 185-200.

MILLS J, JELLISON J M, 1967. Effect on opinion change of how desirable the communication is to the audience the communicator addressed[J]. Journal of personality and social psychology, 6(1): 98-101.

MIZEN P, TSOUKAS S, TSOUKALAS J, 2011. The importance of a good reputation: New evidence from the US corporate bond market[R]. Glasgow: University of Glasgow, no.1045.

MOOK D G, 1983. In defense of external invalidity[J]. American psychologist, 38: 379-387.

MORLEY D D, 1987. Subjective message constructs: a theory of persuasion[J]. Communication monographs, 54: 183-203.

NANDA V, YUN Y, 1997. Reputation and financial intermediation: an empirical investigation of the impact of IPO mispricing on underwriter market value[J]. Journal of financial intermediation, 6(1): 39-63.

NICOLAOU A I, MCKNIGHT D H, 2006. Perceived information quality in data exchanges: effects on risk, trust, and intention to use[J]. Information systems research, 17(4): 332-351.

O'KEEFE D, 1990. Persuasion: theory and research[M]. Newbury Park: SAGE.

O'KEEFE D J, JACKSON S, 1995. Argument quality and persuasive effects: a review of current approaches[C]//JACKSON S. Argumentation and values. Proceedings of the ninth ALTA conference on argumentation, Annandale.

O'KEEFE D J, 2000. Message properties, mediating states, and manipulation checks: claims, evidence, and data analysis in experimental persuasive message effects research[J]. Communication theory, 13(3): 251-274.

OPDYKE J D, SIMON R, 2003. How you come out in Wall Street's deal[J]. The wall street journal, 241(83): D1.

PETTY R E, HARKINS S G, WILLIAMS K D, 1980. The effects of group diffusion of cognitive effort on attitudes: An information-processing view[J]. Journal of personality and social psychology, 38(1): 81-92.

PETTY R E, CACIOPPO J T, GOLDMAN R, 1981a. Personal involvement as a determinant of argument-based persuasion[J]. Journal of personality and social psychology, 41(5): 847-855.

PETTY R E, CACIOPPO J T, 1981b. Attitudes and persuasion: classic and contemporary approaches[M]. Dubuque: W.C. Brown Co. Publishers.

PETTY R E, CACIOPPO J T, HEESACKER M, et al, 1984a. Central and peripheral routes to persuasion: application to counseling[M]//MCGLYNN B, MADDUX J E, STOLTENBERG C D, et al. Social perception in clinical and counseling psychology. Lubbock: Texas Tech Press.

PETTY R E, CACIOPPO J T, 1984b. The effects of involvement on responses to argument quantity and quality: central and peripheral routes to persuasion[J]. Journal of personality and social psychology, 46: 69-81.

PETTY R E, CACIOPPO J T, 1986a. Communication and persuasion: central and peripheral routes to attitude change[M]. New York: Springer.

PETTY R E, CACIOPPO J T, 1986b. The elaboration likelihood model of persuasion[M]// BERKOWITZ L. Advances in experimental social psychology. San Diego: Academic Press.

PETTY R E, WEGENER D T, 1998. Attitude change: Multiple roles for persuasion variables[M]//GILBERT D T, FISKE S T, LINDZEY G. The handbook of social psychology. New York: McGraw-Hill: 323-390.

PORNPITAKPAN C, 2004. The persuasiveness of source credibility: a critical review of five decades' evidence[J]. Journal of applied social psychology, 34(2): 243-281.

PREVITS G, BRICKER R, ROBINSON T, et al, 1994. A content analysis of sell-side financial analyst company reports[J]. Accounting horizons, 8(2): 55-70.

RAUB W, WEESIE J, 1990. Reputation and efficiency in social interactions: an example of network effects[J]. American journal of sociology, 96(3): 626-654.

RHINE R, SEVERANCE L, 1970. Ego-involvement, discrepancy, source credibility, and attitude change[J]. Journal of personality and social psychology, 16(2): 175-190.

RUCKER D D, PREACHER K J, TORMALA Z L, et al, 2011. Mediation analysis in social psychology: current practices and new recommendations[J]. Social and personality psychology compass, 5/6: 359-371.

SCHAPIRO M, 2002. Research and regulation: analyst objectivity and related issues[C]//The securities industries association (SIA) research and regulation conference, New York.

SCHIPPER K, 1991. Analysts' forecast[J]. Accounting horizons, 12: 105-121.

SCHLENKER B R, 1980. Impression management: the self-concept, social identity, and interpersonal relations[M]. Monterey, CA: Brooks/Cole.

SHAKLEE H, FISCHHOFF B, 1982. Strategies of information search in causal analysis[J]. Memory and cognition, 10(6): 520-530.

SHLELFER A, SUMMERS L H, 1990. The noise trader approach to finance[J]. Journal of economic perspectives, 4(2): 19-33.

SHLEIFER A, ROBERT W V, 2003. Stock market driven acquisitions[J]. Journal of financial economics, 70(3): 295-311.

SONG W L, UZUN H, 2004. The impact of clients' alleged financial reporting fraud on underwriter reputation[J]. Social science electronic publishing,(5): 438-457.

STAW B M, 1980. Rationality and justification in organizational life[J]. Research in Organizational Behavior, 2: 45-80.

STEGINGA S K, OCCHIPINTI S, 2004. The application of the heuristic-systematic processing model to treatment decision making about prostate cancer[J]. Medical decision making, 24(6): 573-583.

STICKEL S E, 1992. Reputation and performance among security analysts[J]. The journal of finance, 47(5): 1811-1836.

STRACK F, MUSSWEILER T, 1997. Explaining the enigmatic anchoring effect: mechanisms of selective accessibility[J]. Journal of personality and social psychology, 73(3): 437-446

THALER R H, 1999. Mental accounting matters[J]. Journal of behavior decision making, 12(3): 183-206.

TOULMIN S E, 1958. The uses of argument[M]. Cambridge: Cambridge University Press.

TROTMAN K T, 1998. Audit judgment research: issues addressed, research methods and future directions[J]. Accounting and finance, 38(2): 115-156.

TRUEMAN B, 1994. Analyst forecasts and herding behavior[J]. Review of financial studies, 7: 97-124.

TSUI A S, 1984. A role set analysis of managerial reputation[J]. Organizational behavior and human performance, 34(1): 64-96.

TVERSKY A, KAHNEMAN D, 1974. Judgment under uncertainty: heuristics and biases[J]. Science, 185(4157): 1124-1131.

VAN ENSCHOT R, HUSTINX L, HOEKEN H, 2003. The concept of argument quality in the elaboration likelihood model: A normative and empirical approach to Petty and Cacioppo's "strong" and "weak" arguments[M]//VAN EEMEREN F H, BLAIR J A, WILLARD C A. Anyone who has a view: theoretical contributions to the study of argumentation. Dordrecht: Kluwer Academic Publishers: 265-270.

WEIGELT K, CAMERER C F, 1988. Reputation and corporate strategy: a review of recent theory and applications[J]. Strategic management journal, 9(5): 443-454.

WIJKANDER H, 1992. Financial intermediation, equilibrium credit rationing, and business cycles[M]//WERIN L, WIJKANDER H. Contract economics. Oxford: Blackwell: 218-239.

WILLIAMS P A, 1996. The relation between prior earnings forecast by management and analyst response to a current management forecast[J]. The accounting review, 71(1): 103- 115.

WOOD W, QUINN J M, 2003. Forewarned and forearmed? Two meta-analysis syntheses of forewarnings of influence appeals[J]. Psychological bulletin, 129: 119-138.

ZHAO X Q, ANDREW S, JOSEPH N, et al, 2011. A measure of perceived argument strength: reliability and validity[J]. Communication methods and measures, 5(1): 48-75.

附　　录

附录A:实验材料A

任务指南

尊敬的先生/女士:

您好! 欢迎您参与我们的实验!

为了深入地了解分析师的研究报告如何影响投资者的投资者判断,我们设计了下面的实验,恳请您协助我们完成以下研究。

在本研究中,您将扮演"潜在投资者"的角色。请您按照顺序认真阅读案例材料,请勿更改您对先前问题给出的答案。按照案例材料的具体要求,请根据您个人的感受和判断如实填写。本问卷结果保密,仅供研究使用。

感谢您的支持与合作,祝您万事如意!

案例材料

一、基本情况

公司概况:ABC公司主营业务为行业应用软件开发、系统集成和IT服务;ABC公司是国家规划布局内重点软件企业,已通过国家计算机信息系统集成一级的资质认证,具有计算机信息系统集成的核心资质。

行业状况:通信行业竞争加剧,导致行业盈利能力出现小幅下降,但通信行业仍具有相当大的发展潜力;随着互联网和IT服务企业商业模式的整合和不断创新,以及市场对宏观经济稳定的普遍预期,与IT产业相关的企业仍然具有较大的发展空间。

ABC公司的主要财务指标如表1所示。

表1　ABC公司2012年和2013年的主要财务数据(单位:元)

财务指标	2012年12月31日 (已审计)	2011年12月31日 (已审计)
每股收益	1.25	1.05

续表

财务指标	2012年12月31日（已审计）	2011年12月31日（已审计）
每股净资产	11.82	11.00
销售毛利率	45.35%	41.07%
主营业务收入增长率	52.45%	40.10%
净资产收益率	10.58%	9.55%

根据以上ABC公司的基本信息，请您回答如下问题，在您认为最恰当的分值上打"√"。

假设您是ABC公司的潜在投资者，您认为该公司未来的投资潜力如何？

0 1 2 3 4 5 6 7 8 9 10

非常低 非常高

二、分析师推荐理由

通信行业的分析师R根据ABC公司的近期状况，发布了ABC公司的最新研究报告。基于公司较好的业绩增长前景，分析师R给予该公司"买入"评级。推荐理由如下。

1. 收入同比增长，经营成本下降，盈利能力上涨。主要原因是通信行业市场有好转迹象，ABC公司的营业收入较上年同期增长17%。由于采购资金占用金额较大，ABC公司制定了科学合理的采购成本管理制度，直接减少了存储、保险、维护、管理等方面的多项额外支出，因而当期的采购成本降低了23.67%。

2. 管理费用、财务费用大幅减少，营业利润上涨。ABC公司的营业利润大幅上涨59.44%，主要原因是公司制定了完善的费用监控制度，促使公司管理费用大幅下降。同时，由于资金周转压力降低，公司的短期借款大幅减少，导致公司的财务费用也同比下降。

3. 公司在信息安全领域的业务不断稳定增长。ABC公司是信息安全系统领域的龙头企业，在信息安全模式方面具备明显的技术优势，主要面向为军方和大型国企提供信息安全软件产品和服务，该业务的增长前景比较稳定。

4. ABC公司所属集团公司承诺的"资产注入"依然值得期待。该集团在ABC公司上市之初，曾承诺向ABC公司定期注入资产。目前，尚待注入的资产价值高达4 900万元，如果注资成功，ABC公司产能价值将大幅增长到9 000万元以上。

三、分析师声誉

为您提供以上研究报告的分析师R，在2012年度被《新财富》评为"明星分析师"。在过去的一年中，分析师R深入分析和跟踪行业，及时地揭示投资机会和风险，预测的准确性高，在通信行业中声誉较高。

根据以上案例材料，请您回答如下问题，针对每个问题，在您认为最恰当的分值上打

"√":

1. 假设您是ABC公司的潜在投资者,您认为该公司的投资吸引力如何?

0 1 2 3 4 5 6 7 8 9 10

非常低 非常高

2. 假设您是ABC公司的潜在投资者,您认为该公司的未来盈利潜力如何?

0 1 2 3 4 5 6 7 8 9 10

非常低 非常高

3. 假设您是ABC公司的潜在的投资者,您认为该公司的股票价格上涨潜力如何?

0 1 2 3 4 5 6 7 8 9 10

非常低 非常高

4. 您认为,您对以上第1、第2、第3题所做出判断的自信心水平如何?

0 1 2 3 4 5 6 7 8 9 10

完全没有信心 非常有信心

5. 在本案例中,您对分析师推荐信息的信任度如何?

0 1 2 3 4 5 6 7 8 9 10

一点也不信任 非常信任

6. 在本案例中,您认为分析师的专业能力如何?

0 1 2 3 4 5 6 7 8 9 10

非常低 非常高

7. 在本案例中,您认为分析师提供信息的有用程度如何?

0 1 2 3 4 5 6 7 8 9 10

非常低 非常高

8. 在本案例中,分析师建议您买入ABC公司股票的推荐理由的充分性如何?

0 1 2 3 4 5 6 7 8 9 10

一点也不充分 非常充分

9. 在本案例中,分析师的声誉如何?

0 1 2 3 4 5 6 7 8 9 10

声誉较低 声誉高

10. 在以往的投资决策中,您对分析师推荐信息的依赖程度如何?

0 1 2 3 4 5 6 7 8 9 10

非常低 非常高

11. 在以往的投资决策中,分析师声誉对您投资判断的影响程度如何?

0 1 2 3 4 5 6 7 8 9 10

非常低 非常高

12. 在以往的投资决策中,你对分析师研究报告中信息的关注程度如何?

0 1 2 3 4 5 6 7 8 9 10

一点也不关注 非常关注

人口统计信息(请填写您的答案)

1. 您的性别是 □男 □女。

2. 您的年龄是 ___ 岁。

3. 您以前是否投资过股票? □是 □否

4. 如果投资过股票,您有多少年投资经验? ___ 年 ___ 月

5. 您是否准备投资股票? □是 □否

6. 您曾经学过多少门财务、会计课程? ____ 门

7. 您参加工作有多少年? ___ 年 ___ 月

8. 请您对自身的投资知识做出评价:

0 1 2 3 4 5 6 7 8 9 10

非常少 非常多

9. 请您对自身的投资经验做出评价:

0 1 2 3 4 5 6 7 8 9 10

非常少 非常多

感谢您的参与!

附录 B:实验材料 B

任务指南

尊敬的先生 / 女士:

您好! 欢迎您参与我们的实验!

为了深入地了解分析师研究报告如何影响投资者的投资判断,我们设计了下面的实验,恳请您协助我们完成以下研究。

在本研究中,您将扮演"潜在投资者"的角色。请您按照顺序认真阅读案例材料,请勿更改您对先前问题给出的答案。按照案例材料的具体要求,根据您个人的感受和判断如实填写。本问卷结果保密,仅供研究使用。

感谢您的支持与合作,祝您万事如意!

案例材料

一、基本情况

公司概况：ABC 公司主营业务为行业应用软件开发、系统集成和 IT 服务；ABC 公司是国家规划布局内重点软件企业，已通过国家计算机信息系统集成一级的资质认证，具有计算机信息系统集成的核心资质。

行业状况：通信行业竞争加剧，导致行业盈利能力出现小幅下降，但通信行业仍具有相当大的发展潜力；随着互联网和 IT 服务企业商业模式的整合和不断创新，以及市场对宏观经济稳定的普遍预期，与 IT 产业相关的企业仍然具有较大的发展空间。

ABC 公司的主要财务指标如表 1 所示。

表 1　ABC 公司 2013 年和 2013 年的主要财务数据（单位：元）

财务指标	2012 年 12 月 31 日 （已审计）	2011 年 12 月 31 日 （已审计）
每股收益	1.25	1.05
每股净资产	11.82	11.00
销售毛利率	45.35%	41.07%
主营业务收入增长率	52.45%	40.10%
净资产收益率	10.58%	9.55%

根据以上 ABC 公司的基本信息，请您回答如下问题，在您认为最恰当的分值上打“√”。

假设您是 ABC 公司的潜在投资者，您认为该公司未来的投资潜力如何？

0　1　2　3　4　5　6　7　8　9　10

非常低　非常高

二、分析师推荐理由

通信行业的分析师 R 根据 ABC 公司的近期状况，发布了 ABC 公司的最新研究报告。基于公司较好的业绩增长前景，分析师 R 给予该公司“买入”的评级。推荐的理由如下。

1. 收入同比增长，经营成本下降，盈利能力上涨。主要原因是通信行业市场有好转迹象，公司营业收入较上年同期增长 17%。由于采购资金占用金额较大，该公司制定了科学合理的采购成本管理制度，直接减少了存储、保险、维护、管理等多项额外支出，因而当期的采购成本下降了 23.67%。

2. 管理费用、财务费用大幅减少，致使营业利润上涨。公司营业利润大幅上涨 59.44%，主要原因是公司制定了完善的费用监控制度，促使公司管理费用大幅下降。同时，由于资金周转压力降低，公司的短期借款大幅减少，导致公司的财务费用也同比下降。

3. 公司在信息安全领域的业务不断稳定增长。公司是信息安全系统领域的龙头企业，在信息安全模式方面具备明显的技术优势，主要面向为军队和大型国企提供信息安全软件产品和服务，该业务的增长前景比较稳定。

4. 公司所属集团公司承诺的“资产注入”依然值得期待。该集团在 ABC 公司上市之初，曾承诺向 ABC 公司定期注入资产。目前，尚待注入的资产价值高达 4 900 万元，如果注资成功，ABC 公司的产能价值将大幅增长到 9 000 万元以上。

三、分析师声誉

为您提供以上研究报告的分析师 R，在过去一年中基本上能够系统分析和跟踪行情，在揭示投资风险和机会的时间上相对滞后，预测的准确性一般，在通信行业中的声誉较低。

根据以上案例材料，请您回答如下问题，针对每个问题，在您认为最恰当的分值上打“√”。

1. 假设您是 ABC 公司的潜在投资者，您认为该公司的投资吸引力如何？

0 1 2 3 4 5 6 7 8 9 10

非常低 非常高

2. 假设您是 ABC 公司的潜在投资者，您认为该公司的未来盈利潜力如何？

0 1 2 3 4 5 6 7 8 9 10

非常低 非常高

3. 假设您是 ABC 公司的潜在投资者，您认为该公司的股票价格上涨潜力如何？

0 1 2 3 4 5 6 7 8 9 10

非常低 非常高

4. 您认为，您对以上第 1、第 2、第 3 题所做出判断的自信心水平如何？

0 1 2 3 4 5 6 7 8 9 10

完全没有信心 非常有信心

5. 在本案例中，您对分析师推荐信息的信任度如何？

0 1 2 3 4 5 6 7 8 9 10

一点也不信任 非常信任

6. 在本案例中，您认为分析师的专业能力如何？

0 1 2 3 4 5 6 7 8 9 10

非常低 非常高

7. 在本案例中，您认为分析师提供信息的有用程度如何？

0 1 2 3 4 5 6 7 8 9 10

非常低 非常高

8. 在本案例中，分析师建议您买入 ABC 公司股票的推荐理由的充分性如何？

0　1　2　3　4　5　6　7　8　9　10

一点也不充分　　　非常充分

9. 在本案例中,分析师的声誉如何?

0　1　2　3　4　5　6　7　8　9　10

声誉较低　　　声誉高

10. 在以往的投资决策中,您对分析师推荐信息的依赖程度如何?

0　1　2　3　4　5　6　7　8　9　10

非常低　　　非常高

11. 在以往的投资决策中,分析师声誉对您投资判断的影响程度如何?

0　1　2　3　4　5　6　7　8　9　10

非常低　　　非常高

12. 在以往的投资决策中,你对分析师研究报告中信息的关注程度如何?

0　1　2　3　4　5　6　7　8　9　10

一点也不关注　　　非常关注

人口统计信息(请填写您的答案)

1. 您的性别是 □男　□女。

2. 您的年龄是 ___ 岁。

3. 您以前是否投资过股票? □是　□否

4. 如果投资过股票,您有多少年投资经验? ___ 年 ___ 月

5. 您是否准备投资股票? □是　□否

6. 您曾经学过多少门财务、会计课程? ____ 门

7. 您参加工作有多少年? ___ 年 ___ 月

8. 请您对自身的投资知识做出评价:

0　1　2　3　4　5　6　7　8　9　10

非常少　　　非常多

9. 请您对自身的投资经验做出评价:

0　1　2　3　4　5　6　7　8　9　10

非常少　　　非常多

感谢您的参与!

附录 C:实验材料 C

任务指南

尊敬的先生 / 女士:

您好！欢迎您参与我们的实验！

为了深入地了解分析师研究报告如何影响投资者的投资判断,我们设计了下面的实验,恳请您协助我们完成以下研究。

在本研究中,您将扮演“潜在投资者”的角色。请您按照顺序认真阅读案例材料,请勿更改您对先前问题给出的答案。按照案例材料的具体要求,根据您个人的感受和判断如实填写。本问卷结果保密,仅供研究使用。

感谢您的支持与合作,祝您万事如意!

案 例 材 料

一、基本情况

公司概况：ABC 公司主营业务为行业应用软件开发、系统集成和 IT 服务；ABC 公司是国家规划布局内重点软件企业,已通过国家计算机信息系统集成一级的资质认证,具有计算机信息系统集成的核心资质。

行业状况:通信行业竞争加剧,导致行业盈利能力出现小幅下降,但通信行业仍具有相当大的发展潜力。随着互联网和 IT 服务企业商业模式的整合和不断创新,以及市场对宏观经济稳定的普遍预期,与 IT 产业相关的企业仍然具有较大的发展空间。

ABC 公司的主要财务指标如表 1 所示。

表 1　ABC 公司 2012 和 2013 年末的主要财务数据(单位:元)

财务指标	2012 年 12 月 31 日 (已审计)	2011 年 12 月 31 日 (已审计)
每股收益	1.25	1.05
每股净资产	11.82	11.00
销售毛利率	45.35%	41.07%
主营业务收入增长率	52.45%	40.10%
净资产收益率	10.58%	9.55%

根据以上 ABC 公司的基本信息,请您回答如下问题,在您认为最恰当的分值上打

"√"。

假设您是ABC公司的潜在投资者，您认为该公司未来的投资潜力如何？

0　1　2　3　4　5　6　7　8　9　10

非常低　非常高

二、分析师推荐理由

通信行业的分析师R根据ABC公司的近期状况，发布了ABC公司的最新研究报告。基于公司较好的业绩增长前景，分析师R给予该公司"买入"的评级。推荐的理由如下。

1. 收入同比增长，经营成本降低，盈利能力增大。

2. 管理费用、财务费用大幅减少，致使营业利润上涨。

3. 公司在信息安全领域的业务不断稳定增长。

4. 公司所属集团公司承诺的"资产注入"依然值得期待。

三、分析师声誉

为您提供以上研究报告的分析师R，在过去一年中基本上能够系统分析和跟踪行情，在揭示投资风险和机会的时间上相对滞后，预测的准确性一般，在通信行业中的声誉较低。

根据以上案例材料，请您回答如下问题，针对每个问题，在您认为最恰当的分值上打"√"。

1. 假设您是ABC公司的潜在投资者，您认为该公司的投资吸引力如何？

0　1　2　3　4　5　6　7　8　9　10

非常低　非常高

2. 假设您是ABC公司的潜在投资者，您认为该公司的未来盈利潜力如何？

0　1　2　3　4　5　6　7　8　9　10

非常低　非常高

3. 假设您是ABC公司潜在的投资者，您认为该公司股票价格上涨的潜力如何？

0　1　2　3　4　5　6　7　8　9　10

非常低　非常高

4. 您认为，您对以上第1、第2、第3题所做出判断的自信心水平如何？

0　1　2　3　4　5　6　7　8　9　10

完全没有信心　非常有信心

5. 在本案例中，您对分析师推荐信息的信任度如何？

0　1　2　3　4　5　6　7　8　9　10

一点也不信任　非常信任

6. 在本案例中，您认为分析师的专业能力如何？

0 1 2 3 4 5 6 7 8 9 10

非常低 非常高

7. 在本案例中，您认为分析师提供信息的有用程度如何？

0 1 2 3 4 5 6 7 8 9 10

非常低 非常高

8. 在本案例中，分析师建议您买入 ABC 公司股票的推荐理由的充分性如何？

0 1 2 3 4 5 6 7 8 9 10

一点也不充分 非常充分

9. 在本案例中，分析师的声誉如何？

0 1 2 3 4 5 6 7 8 9 10

声誉较低 声誉高

10. 在以往的投资决策中，您对分析师推荐信息的依赖程度如何？

0 1 2 3 4 5 6 7 8 9 10

非常低 非常高

11. 在以往的投资决策中，分析师声誉对您投资判断的影响程度如何？

0 1 2 3 4 5 6 7 8 9 10

非常低 非常高

12. 在以往的投资决策中，你对分析师研究报告中信息的关注程度如何？

0 1 2 3 4 5 6 7 8 9 10

一点也不关注 非常关注

人口统计信息（请填写您的答案）

1. 您的性别是 □男 □女。

2. 您的年龄是 ___ 岁。

3. 您以前是否投资过股票？ □是 □否

4. 如果投资过股票，您有多少年投资经验？ ___ 年 ___ 月

5. 您是否准备投资股票？ □是 □否

6. 您曾经学过多少门财务、会计课程？ ____ 门

7. 您参加工作有多少年？ ___ 年 ___ 月

8. 请您对自身的投资知识做出评价：

0 1 2 3 4 5 6 7 8 9 10

非常少 非常多

9. 请您对自身的投资经验做出评价：

0 1 2 3 4 5 6 7 8 9 10

非常少 非常多

感谢您的参与！

附录 D:实验材料 D

任务指南

尊敬的先生 / 女士:

您好！欢迎您参与我们的实验！

为了深入地了解分析师研究报告如何影响投资者的投资判断,我们设计了下面的实验,恳请您协助我们完成以下研究。

在本研究中,您将扮演“潜在投资者”的角色。请您按照顺序认真阅读案例材料,请勿更改您对先前问题给出的答案。按照案例材料的具体要求,根据您个人的感受和判断如实填写。本问卷结果保密,仅供研究使用。

感谢您的支持与合作,祝您万事如意!

案例材料

一、基本情况

公司概况: ABC 公司主营业务为行业应用软件开发、系统集成和 IT 信息服务; ABC 公司是国家规划布局内重点软件企业,已通过国家计算机信息系统集成一级的资质认证,具有计算机信息系统集成的核心资质。

行业状况:通信行业竞争加剧,导致行业盈利能力出现小幅下降,但通信行业仍具有相当大的发展潜力。随着互联网和 IT 服务企业商业模式的整合和不断创新,以及市场对宏观经济稳定的普遍预期,与 IT 产业相关的企业仍然具有较大的发展空间。

ABC 公司的主要财务指标如表 1 所示。

表 1 ABC 公司 2012 和 2013 年的主要财务数据(单位:元)

财务指标	2012 年 12 月 31 日 (已审计)	2011 年 12 月 31 日 (已审计)
每股收益	1.25	1.05
每股净资产	11.82	11.00
销售毛利率	45.35%	41.07%
主营业务收入增长率	52.45%	40.10%
净资产收益率	10.58%	9.55%

根据以上 ABC 公司的基本信息,请您回答如下问题,在您认为最恰当的分值上打

"√":

假设您是 ABC 公司的潜在投资者,您认为该公司未来的投资潜力如何?

0 1 2 3 4 5 6 7 8 9 10

非常低 非常高

二、分析师推荐理由

通信行业的分析师 R 根据 ABC 公司的近期状况,发布了 ABC 公司的最新研究报告。基于公司较好的业绩增长前景,分析师 R 给予该公司"买入"的评级。推荐的理由如下。

1. 收入同比增长,经营成本降低,盈利能力增大。

2. 管理费用、财务费用大幅减少,致使营业利润上涨。

3. 在信息安全领域的业务不断稳定增长。

4. 公司所属集团公司承诺的"资产注入"依然值得期待。

三、分析师声誉

为您提供以上研究报告的分析师 R,在 2012 年被《新财富》评为"明星分析师"。在过去的一年中,分析师 R 深入分析和跟踪行情,及时地揭示投资机会和风险,预测的准确性高,在通信行业中声誉较高。

根据以上案例材料,请您回答如下问题,针对每个问题,在您认为最恰当的分值上打"√"。

1. 假设您是 ABC 公司的潜在投资者,您认为该公司的投资吸引力如何?

0 1 2 3 4 5 6 7 8 9 10

非常低 非常高

2. 假设您是 ABC 公司的潜在投资者,您认为该公司的未来盈利潜力如何?

0 1 2 3 4 5 6 7 8 9 10

非常低 非常高

3. 假设您是 ABC 公司的潜在投资者,您认为该公司的股票价格上涨潜力如何?

0 1 2 3 4 5 6 7 8 9 10

非常低 非常高

4. 您认为,您对以上第 1、第 2、第 3 题所做出判断的自信心水平如何?

0 1 2 3 4 5 6 7 8 9 10

完全没有信心 非常有信心

5. 在本案例中,您对分析师推荐信息的信任度如何?

0 1 2 3 4 5 6 7 8 9 10

一点也不信任 非常信任

6. 在本案例中,您认为分析师的专业能力如何?

0　1　2　3　4　5　6　7　8　9　10

非常低　　　　　　　　　　　　　　　　非常高

7. 在本案例中，您认为分析师提供信息的有用程度如何？

0　1　2　3　4　5　6　7　8　9　10

非常低　　　　　　　　　　　　　　　　非常高

8. 在本案例中，分析师建议您买入 ABC 公司股票的推荐理由的充分性如何？

0　1　2　3　4　5　6　7　8　9　10

一点也不充分　　　　　　　　　　　　　　非常充分

9. 在本案例中，分析师的声誉如何？

0　1　2　3　4　5　6　7　8　9　10

声誉较低　　　　　　　　　　　　　　　　声誉高

10. 在以往的投资决策中，您对分析师推荐信息的依赖程度如何？

0　1　2　3　4　5　6　7　8　9　10

非常低　　　　　　　　　　　　　　　　非常高

11. 在以往的投资决策中，分析师声誉对您投资判断的影响程度如何？

0　1　2　3　4　5　6　7　8　9　10

非常低　　　　　　　　　　　　　　　　非常高

12. 在以往的投资决策中，你对分析师研究报告中信息的关注程度如何？

0　1　2　3　4　5　6　7　8　9　10

一点也不关注　　　　　　　　　　　　　　非常关注

人口统计信息（请填写您的答案）

1. 您的性别是 □男　□女。

2. 您的年龄是 ___ 岁。

3. 您以前是否投资过股票？ □是　□否

4. 如果投资过股票，您有多少年投资经验？ ___ 年 ___ 月

5. 您是否准备投资股票？ □是　□否

6. 您曾经学过多少门财务、会计课程？ ____ 门

7. 您参加工作有多少年？ ___ 年 ___ 月

8. 请您对自身的投资知识做出评价：

0　1　2　3　4　5　6　7　8　9　10

非常少　　　　　　　　　　　　　　　　非常多

9. 请您对自身的投资经验做出评价：

0　1　2　3　4　5　6　7　8　9　10

非常少　　　　　　　　　　　　　　　　非常多

非常感谢您的参与！

后　记

本书是2018年度国家自然科学基金青年科学基金项目（项目编号：71802148）的阶段性研究成果之一。感谢项目组成员对相关研究的帮助和支持。特别感谢天津商业大学会计学院各位领导和财务管理系各位同事的支持、鼓励，每每遇到学习和工作中的挫折和困难，他们的鼓励和帮助总让我内心燃起新的动力和希望。

首先，特别感谢我的博士生导师张继勋教授。感谢恩师带领我走入"实验研究"的殿堂。在我的研究发生巨大转变的过程中，导师似石阶承受着我向上攀登中的愚钝和无知，用谆谆教诲帮助我走向收获的时刻。在逆境中，老师每一次的耐心鼓励都让我重拾做学术研究的勇气，是老师教会了我在困惑中体验学术研究的那份快乐，这将是我一生中最珍贵的知识和财富。其次，感谢我的各位博士研究生同学：付宏琳、孙鹏、孙岩、周冉、詹德超、张丽霞、何亚南、刘文欢、韩冬梅、贺超、蔡闫东。每一次与各位同学的沟通和交流都让我受益匪浅，他们提出了很多建设性的建议，对此我永远心怀感激之情。最后，特别感谢天津大学出版社的各位编辑老师，他们为本书的出版付出了很多心血并给予了我巨大的帮助，我永远铭记在心。

屈小兰

2022年3月